BRETT CLAY

REVOLUÇÃO NAS VENDAS

MAIS DE 101 SEGREDOS PARA VOCÊ SER O AGENTE DE MUDANÇA
QUE SUA EMPRESA PRECISA PARA LIDERAR O MERCADO

Tradução
CLAUDIA GERPE DUARTE

Editora
Cultrix
SÃO PAULO

Título original: *Selling Change*

Copyright © 2010 Brett Clay

Copyright da edição brasileira © 2011 Editora Pensamento-Cultrix Ltda.

Texto revisto segundo o novo acordo ortográfico da língua portuguesa.

1ª edição 2012.

Todos os direitos reservados. Nenhuma parte desta obra pode ser reproduzida ou usada de qualquer forma ou por qualquer meio, eletrônico ou mecânico, inclusive fotocópias, gravações ou sistema de armazenamento em banco de dados, sem permissão por escrito, exceto nos casos de trechos curtos citados em resenhas críticas ou artigos de revistas.

A Editora Cultrix não se responsabiliza por eventuais mudanças ocorridas nos endereços convencionais ou eletrônicos citados neste livro.

Ilustrações de Rick Evans

Empenhamo-nos ao máximo para informar adequadamente a fonte de todas as citações.

Coordenação editorial: Denise de C. Rocha Delela e Roseli de S. Ferraz
Preparação de originais: Roseli de S. Ferraz
Revisão: Liliane S. M. Cajado
Diagramação: Join Bureau

Dados Internacionais de Catalogação na Publicação (CIP)
(Câmara Brasileira do Livro, SP, Brasil)

Clay, Brett
    Revolução nas vendas : mais de 101 segredos para você ser o agente de mudança que sua empresa precisa para liderar o mercado / Brett Clay ; tradução Claudia Gerpe Duarte. — São Paulo : Cultrix, 2011.

    Título original: Selling Change
    ISBN 978-85-316-1167-4

    1. Administração de vendas 2. Clientes – Contatos 3. Clientes – Satisfação 4. Desempenho 5. Vendas 6. Vendas e vendedores I. Título.

11-12482	CDD-658.85

Índices para catálogo sistemático:

1. Sucesso em vendas : Administração de marketing 658.85
2. Vendas e vendedores : Administração de marketing 658.85

Direitos de tradução para o Brasil
adquiridos com exclusividade pela
EDITORA PENSAMENTO-CULTRIX LTDA.
Rua Dr. Mário Vicente, 368 — 04270-000 — São Paulo, SP
Fone: 2066-9000 — Fax: 2066-9008
E-mail: atendimento@editoracultrix.com.br
http://www.editoracultrix.com.br
que se reserva a propriedade literária desta tradução.
Foi feito o depósito legal.

DEDICATÓRIA

À minha maravilhosa esposa e filhos que são
a minha fonte ininterrupta de apoio e felicidade.

A você, leitor, cujos desafios e coragem eu admiro:
sinto-me honrado e privilegiado em poder ajudá-lo
a alcançar as mudanças que você deseja!

SUMÁRIO

SEÇÃO 1: INTRODUÇÃO – A NECESSIDADE DA MUDANÇA..................... 11

Por que você precisa deste livro	12
Quatro forças que estão mudando o seu mundo	13
Por que a revolução nas vendas?	17
Por que mudar?	20
Segredo nº 1 O mundo está mudando	24

SEÇÃO 2: ESTRUTURA DA LIDERANÇA DA MUDANÇA – PREMISSAS..... 27

INTRODUÇÃO		28
Segredo nº 2	As pessoas só compram quando são obrigadas	30
Segredo nº 3	Você não é uma força	32
Segredo nº 4	Ninguém precisa do seu produto	34
Segredo nº 5	As pessoas compram para fazer uma mudança	36
Segredo nº 6	Os problemas são a ponta do *iceberg*	38
Segredo nº 7	A entrega de resultados sobrepuja o relacionamento	40
Segredo nº 8	A oportunidade só surge com a mudança	42
Segredo nº 9	Torne-se um líder da mudança	44
Segredo nº 10	A Estrutura da Liderança da Mudança	46

SEÇÃO 3: A PRIMEIRA DISCIPLINA – ANÁLISE DO CAMPO DE FORÇA..... 49

INTRODUÇÃO		50
Segredo nº 11	Seja um psicólogo amador	52
Segredo nº 12	Entenda as quatro forças	54
Segredo nº 13	Procure entender as necessidades interiores do cliente	56
Segredo nº 14	Procure entender os comportamentos do cliente	58
Segredo nº 15	Procure entender as estratégias do cliente	60
Segredo nº 16	Procure entender o ambiente do cliente	62

Segredo nº 17	Procure entender o espaço vital do cliente	64
Segredo nº 18	Aproveite as forças	66
Segredo nº 19	Onde quer que exista uma mudança, forças estarão presentes.	68
Segredo nº 20	A mudança requer uma força constante	70
Segredo nº 21	Onde quer que uma força esteja presente, haverá uma mudança	72
Segredo nº 22	As pessoas estão sempre em movimento	74
Segredo nº 23	As pessoas são acionadas por molas	76
Segredo nº 24	É impossível satisfazer o cliente	78
Segredo nº 25	A observação é diferente da realidade	80
Segredo nº 26	As quatro forças estão sempre presentes	82
Segredo nº 27	Quanto mais intensa a força, mais intenso o movimento	84
Segredo nº 28	Toda força tem uma igual resistência	86
Segredo nº 29	As forças e as mudanças são como ventiladores	88
Segredo nº 30	As pessoas são computadores medíocres	90

SEÇÃO 4: A SEGUNDA DISCIPLINA — ANÁLISE DA REAÇÃO À MUDANÇA 93

INTRODUÇÃO		94
Segredo nº 31	Mude o seu paradigma	96
Segredo nº 32	Procure entender o boneco que está dentro da caixinha de surpresa	98
Segredo nº 33	Entenda as estratégias de enfrentamento	100
Segredo nº 34	Fique longe das galinhas	102
Segredo nº 35	Siga os camaleões	104
Segredo nº 36	Ajude os gansos	106
Segredo nº 37	Conte com os castores	108
Segredo nº 38	Incentive as mulas	110
Segredo nº 39	Fique longe das tartarugas	112
Segredo nº 40	Faça uma verificação da realidade	114
Segredo nº 41	Não iluda a si mesmo	116
Segredo nº 42	Vença por meio da mera exposição	118
Segredo nº 43	Tome cuidado com o falso consenso	120
Segredo nº 44	Tome cuidado com o lugar onde você atira a sua âncora	122

Segredo nº 45	As maratonas são aeróbicas	124
Segredo nº 46	Não se deixe iludir pelas ilusões	126
Segredo nº 47	Duplique a sua estimativa mais elevada	128
Segredo nº 48	Os dias de glória nunca existiram	130
Segredo nº 49	Escolha sensatamente as mudanças	132
Segredo nº 50	Mude o caminho em direção ao sucesso	134
Segredo nº 51	Não há bônus sem ônus	136
Segredo nº 52	Não existe mágica	138
Segredo nº 53	Não perca a calma	140
Segredo nº 54	Atalhos = curtos-circuitos	142

SEÇÃO 5: A TERCEIRA DISCIPLINA — ANÁLISE DA ENERGIA ... **145**

INTRODUÇÃO		146
Segredo nº 55	Entenda o esforço	148
Segredo nº 56	Entenda a balança da mudança	150
Segredo nº 57	Qualifique a resistência	152
Segredo nº 58	Avalie a resistência ao poder	154
Segredo nº 59	Reduza a tensão	156
Segredo nº 60	Torne-se um mestre de kung fu	158
Segredo nº 61	Seja rápido e ágil	160
Segredo nº 62	Calcule a fórmula da mudança	162
Segredo nº 63	Calcule a força para a mudança	164
Segredo nº 64	Determine os pivôs de rotação, os multiplicadores e os gatilhos	166

SEÇÃO 6: A QUARTA DISCIPLINA — CRIAÇÃO DE VALOR ... **169**

INTRODUÇÃO		170
Segredo nº 65	Seja um mineiro, não um prospector	172
Segredo nº 66	Crie valor organizacional	174
Segredo nº 67	Crie valor pessoal	176
Segredo nº 68	Crie valor estratégico	178
Segredo nº 69	Galgue a hierarquia do valor	180

Segredo nº 70	O cliente é o dono da mina	182
Segredo nº 71	Mude as regras	184
Segredo nº 72	Mantenha o valor elevado	186
Segredo nº 73	Seja excepcional	188
Segredo nº 74	Concentre-se em si mesmo	190
Segredo nº 75	Esteja disposto a desistir	192
Segredo nº 76	Não implore – apresente resultados	194
Segredo nº 77	Não existem segredos	196

SEÇÃO 7: A QUINTA DISCIPLINA – ACIONAMENTO DA MUDANÇA 199

INTRODUÇÃO		200
Segredo nº 78	Seja um agente de mudança	202
Segredo nº 79	Acione em vez de assumir	204
Segredo nº 80	Tenha grandes ideias, execute-as gradualmente	206
Segredo nº 81	Tenha sempre um plano	208
Segredo nº 82	Meça duas vezes; corte uma só	210
Segredo nº 83	Grande sucesso = grande risco	212
Segredo nº 84	Duas causas do mal e do fracasso	214
Segredo nº 85	A perseverança triunfa	216
Segredo nº 86	Tenha sempre opções	218
Segredo nº 87	Crie a sua equipe da mudança	220
Segredo nº 88	Não existe almoço de graça	222
Segredo nº 89	Planeje com antecedência, mas entregue a Versão 1.0	224
Segredo nº 90	A Versão 1.0 é de má qualidade	226
Segredo nº 91	Influencie os críticos	228
Segredo nº 92	Onde existe mudança, existe conflito	230
Segredo nº 93	Sustente um momento linear positivo	232
Segredo nº 94	Seja o cético que sempre acredita	234
Segredo nº 95	Determine a consciência da mudança	236
Segredo nº 96	Reconheça o *status quo*	238
Segredo nº 97	Desbloqueie o *status quo*	240
Segredo nº 98	Efetue a mudança	242
Segredo nº 99	Despeje o concreto	244

| SEÇÃO 8 | COMO SER UM AGENTE DE MUDANÇA | **247** |

INTRODUÇÃO		248
Segredo nº 100	Criar valor leva tempo	250
Segredo nº 101	Não pule etapas	252
Segredo nº 102	As pessoas precisam aprender sozinhas	254
Segredo nº 103	Determine o responsável	256
Segredo nº 104	Concentre-se no método, não no esforço	258
Segredo nº 105	Deixe as vendas transacionais para os websites	260
Segredo nº 106	Siga o código de conduta do líder da mudança	262

| SEÇÃO 9: | CONCLUSÃO | **265** |

Segredo nº 107	Agora é com você	266
Próximos passos		269
O Change Leadership Group®		271

INTRODUÇÃO

A NECESSIDADE DA MUDANÇA

INTRODUÇÃO

À

NECESSIDADE DA MUDANÇA

Por que você precisa deste livro

Ouvimos dizer com frequência que a mudança é constante. No entanto, no mundo de hoje, a mudança é fundamental. Para ter sucesso nos negócios no século XXI, os profissionais de vendas e as suas empresas não apenas precisam se adaptar à mudança, como também precisam liderá-la, promovendo resultados legítimos em benefício dos seus clientes.

> *"A mudança não é meramente necessária para a vida; ela é a vida."*
> — Alvin Toffler

Este livro mostra como sobreviver e prosperar no meio das tremendas mudanças que estão afetando a profissão de vendas e as empresas que contratam profissionais de vendas. Você aprenderá:

- As cinco disciplinas que tornarão você e a sua empresa inestimáveis para os seus clientes — e terá clientes que implorarão a você que faça negócio com eles.
- Os segredos da psicologia da mudança que possibilitarão que você se torne um agente de mudança altamente eficaz e um importante trunfo para os seus clientes.

Antes de examinarmos a maneira como a revolução nas vendas é diferente das abordagens de venda tradicionais de soluções e estratégias, vamos investigar mais detalhadamente por que a mudança é uma questão de sobrevivência.

Quatro forças que estão mudando o seu mundo

Embora haja sempre um sem-número de forças promovendo a mudança, quatro forças em particular estão mudando agora o mundo em que você vive e estão ameaçando a sua sobrevivência como profissional de vendas, a sobrevivência das empresas para as quais você trabalha e a sobrevivência das empresas e das pessoas para quem você vende.

1. O mundo plano
Como você provavelmente já sabe, você está agora concorrendo em igualdade de condições em um campo que se estende aos quatro cantos da Terra. No livro *The World is Flat*, Thomas Friedman, jornalista ganhador do Prêmio Pulitzer, documentou dez forças que aplainaram o mundo, oferecendo oportunidades iguais para as pessoas do mundo inteiro de competir pelo mesmo negócio. Ele chama essa evolução de "Globalização 3.0". Nela, pessoas, e não empresas (Globalização 2.0) ou países (Globalização 1.0), precisam competir com pessoas do outro lado do mundo pelas mesmas oportunidades.

A implicação fundamental de um mundo plano é que todos os concorrentes precisam igualar os preços do concorrente que alcança o menor custo, nivelando com isso os preços através do cenário competitivo e criando um ambiente darwiniano para melhorar o desempenho.

A implicação crucial da Globalização 3.0 é que *você* precisa igualar pessoalmente os salários do concorrente que consegue fazer o que você faz com o custo mais baixo. O mesmo se aplica aos seus clientes.

Friedman assinala outra implicação da Globalização 3.0 – "A Morte de um Profissional de Vendas". A maior concorrência para o seu emprego de profissional de vendas não é outro profissional em outro país; é a Internet. Friedman enfatiza que a Internet confere aos compradores o poder sem precedente de conseguir o melhor negócio sem o envolvimento de um profissional de vendas, reduzindo em grande parte ou até mesmo eliminando a função dos profissionais de vendas de estimular e conduzir uma compra. Friedman diz: "É como se eles [clientes] tivessem eliminado toda a gordura [profissionais de vendas] do negócio e o transformado em uma loteria."

2. Integração virtual

Autores como Alvin Toffler, Charles Handy, Geoffrey Moore, e outros, prognosticaram a tendência das empresas de contar cada vez mais com outras empresas e pessoas para a execução de tarefas importantes. No passado, as empresas se esforçavam para incorporar todos os aspectos do seu negócio às suas operações internas, com a intenção de controlar os custos e a dinâmica do mercado. A IBM, por exemplo, costumava projetar e fabricar todos os componentes de um computador, montar o sistema do computador, programar o software, vender o computador e o software diretamente para o cliente, e fornecer serviços profissionais e suporte técnico. Hoje, uma companhia chinesa, a Lenovo, fabrica e vende os computadores, e a IBM oferece o suporte técnico para os clientes da Lenovo. Por quê? Porque a Lenovo pode fabricar computadores lucrativamente mesmo com margens de lucro mais baixas, enquanto a IBM pode se concentrar em oferecer os melhores serviços profissionais com margens de lucro mais elevadas. Na realidade, a IBM se esforçou de tal maneira para criar uma estrutura organizacional livremente integrada, que a piada atual entre os funcionários da empresa é que a sigla IBM corresponde a "I'm By Myself" ["Estou Sozinha"]. Que mudança radical com relação às abordagens de cima para baixo, comando e controle, e integração total do passado!

Geoffrey Moore chama essa estratégia de "*outsourcing* do contexto", ou terceirizá-lo, e "*insourcing* do essencial", ou seja, lidar com as atividades essenciais dentro da empresa. Ele diz que "Uma tarefa é 'essencial' quando afeta diretamente a vantagem competitiva da empresa nos seus mercados-alvo. Esta é a base na qual as empresas se diferenciam, e o objetivo do trabalho essencial é criar e sustentar essa diferenciação". Qualquer tarefa que não crie uma diferenciação para a empresa é "contexto".

Moore argumenta que as empresas maximizam o valor para os seus acionistas quando se concentram exclusivamente em atividades essenciais e terceirizam todas as outras. Em outras palavras, se você não consegue executar a tarefa melhor do que todas as outras pessoas, então você deve contratar pessoas que consigam. É claro que essa ideia não é nova; Adam Smith descreveu a eficácia de dividir a mão de obra no livro *A Riqueza das Nações* publicado em 1776. A novidade é um mundo nivelado pela tecnologia, isto é, a Internet; um mundo no qual a fonte mais eficiente de uma tarefa está à distância de um clique no mouse.

O impulso em direção a empresas virtualmente integradas apresenta dois desafios que os profissionais de vendas podem abordar: (a) as empresas tornam-se cada vez mais interdependentes e (b) as empresas precisam não apenas otimizar as suas tarefas diferenciadoras, como também otimizar além dos limites da companhia. O resultado é uma reestruturação dos relacionamentos da empresa de "comprador-vendedor" (ou seja: "Me dê o melhor preço, e eu não me importo se você perder dinheiro em cada unidade") para "parceiro-parceiro" (ou seja: "Vamos trabalhar em conjunto para criar o máximo de diferenciação"). Os profissionais de vendas mais bem-sucedidos adaptarão o seu papel para fornecer valor nesses relacionamentos que envolvem uma colaboração cada vez maior.

3. Choque no Futuro

No livro que publicou em 1970, *Future Shock*, Alvin Toffler prognosticou um mundo no qual a mudança aconteceria tão rápido que excederia a capacidade das pessoas para acompanhá-la. Você já comprou um computador ou telefone celular e, um mês depois, descobriu que um modelo melhor e mais barato estava disponível? Você nem mesmo teve tempo de pagar a fatura do cartão de crédito ou aprender a usar todos os recursos dele antes que o modelo ficasse "velho". Este é um exemplo do choque no futuro.

Toffler argumentou que o crescente ritmo da mudança possibilitado pela tecnologia eliminaria o conceito de "permanente", como em emprego "permanente" ou ocupação "permanente". Ele aventou que todos os aspectos da vida não seriam apenas temporários, seriam transitórios — constantemente mudando de um estado para outro. Ele prenunciou que as pessoas teriam que aprender novas ocupações não apenas uma vez na vida, e sim várias vezes. As pessoas que não estivessem dispostas a fazer mudanças ficariam chocadas com a sua recém-descoberta pobreza. Charles Handy, o autor de *The Age of Unreason*, deu um passo mais à frente e indicou que as pessoas precisariam ter "portfólios" de profissões e "portfólios" de empregadores.

Evidências do crescente ritmo de mudança e das implicações prognosticadas por Toffler e Handy sobejam. O ditado "a única coisa que é constante é a mudança" talvez no final das contas não seja verdadeiro. A mudança não é constante — ela está se intensificando.

4. A grande reinicialização de 2009

O estado da economia mundial em 2009 pode ser relembrado como a "Grande Reinicialização". Economistas e historiadores sem dúvida encherão bibliotecas inteiras com a análise das causas da maior retração econômica desde a Grande Depressão. No entanto, uma coisa ficou clara durante os acontecimentos econômicos de 2009: as finanças de muitas empresas não eram tão favoráveis quando haviam sido descritas. Ao longo das décadas anteriores, no impulso de atender às "expectativas de Wall Street", as empresas fizeram o possível, e o impossível, para conseguir mais um aumento percentual, mas não há como se tirar leite das pedras. O ambiente econômico de 2009 revelou enormes pontos fracos e deficiências nas práticas comerciais, nos balanços patrimoniais, no aumento da produtividade e na demanda efetiva dos clientes, fatos que tinham sido dissimulados anteriormente.

Agora, à medida que a economia vai se recuperando e as empresas vão retomando as suas posições seguras, elas estão passando por transformações radicais ou desaparecendo completamente. A Lehman Brothers, uma companhia fundada há 125 anos que conseguira sobreviver à Grande Depressão, sumiu do mapa em questão de meses. As empresas estão fazendo o "*right-sizing*"* para atender à demanda efetiva, desfazendo-se de ativos improdutivos, eliminando ineficiências e redefinindo as "expectativas de Wall Street". É como se a bagagem nociva estivesse se acumulando até que, finalmente, a economia mundial "pifou" como um computador que exibe a tela azul da morte e uma mão gigante apertou o botão reiniciar. A economia está fazendo a reinicialização e alcançando um estado novo e limpo que funcionará com renovada eficiência e confiabilidade. A quantidade de mudança que está acontecendo agora provavelmente continuará a se propagar através da economia ao longo da próxima década.

---

* Tamanho adequado de uma atividade para obtenção do melhor desempenho possível.

Por que a revolução nas vendas?

O que todas essas forças que estão mudando o mundo de maneiras nunca vistas, a uma velocidade sem precedente, têm a ver com você? Além disso, o que elas têm a ver com a *Revolução nas Vendas*?

Tudo.

A mudança está em toda parte. A mudança é tudo. As empresas e os profissionais de vendas que não apenas se adaptam à mudança, mas que se tornam os seus líderes, serão aqueles que terão sucesso no novo mundo reinicializado, plano, virtual e chocante.

Então, como você pode se tornar um líder da mudança? Para ser um líder da mudança, você precisa, compreensivelmente, mudar a maneira como você vende. Para responder melhor a esta pergunta, vamos comparar as maneiras como você vendeu no passado com o modo como precisa vender hoje.

O modo como você vende indica que você tem certas capacidades, que podem ser descritas em um modelo chamado "modelo de maturidade da capacidade". Vamos examinar o modelo de maturidade, que se aplica tanto a você enquanto profissional de vendas quanto à sua organização de vendas como um todo.

Modelo de maturidade da capacidade de vendas

Capacidades e características	Nível 1 Centrado na Transação	Nível 2 Centrado na Solução	Nível 3 Centrado na Estratégia	Nível 4 Centrado na Mudança
Base da concorrência	Preço do fornecedor e entrega	Características do fornecedor	Benefícios comerciais para o cliente	Estratégia de negócios do cliente
Áreas de conhecimento	Lista de preços, preenchimento	Aplicação dos produtos e serviços ao ambiente do cliente	Conhecer o negócio e os motivos pessoais do cliente	Entender as metas, o ambiente, o comportamento e as estratégias do cliente
Indicadores fundamentais de lucratividade	Velocidade da transação	Margens de lucro	Fixação ótima de preços	Estratégia para a vida inteira

Modelo de maturidade da capacidade de vendas (*continuação*)

Capacidades e características	Nível 1 Centrado na Transação	Nível 2 Centrado na Solução	Nível 3 Centrado na Estratégia	Nível 4 Centrado na Mudança
Base de vendas	Associação de produtos ou serviços às necessidades	Especificação do produto ou serviço como uma solução para os problemas	Associação de soluções à estratégia de negócios	Associar a estratégia de negócios à estratégia de mudança
Proposta de valor	Ganhos	Retorno do investimento	Valor comercial	Valor estratégico
Nível de envolvimento	Agente de compras	Gerente de projeto	Gerência de nível médio	Gerência de nível executivo
Número de concorrentes e substitutos	Muitos	Vários	Dois ou três	Nenhum

Nível 1 (Centrado na Transação)

A pessoa ou organização do nível 1 se concentra na velocidade da transação, concorrendo basicamente no preço e na entrega. Na venda centrada na transação, o cliente procura preencher uma necessidade bem definida com um produto ou serviço bem definido, e simplesmente deseja o melhor preço e condições de entrega. A proposta de valor fundamental é o ganho, seja de dinheiro ou de tempo. O comprador é tipicamente um agente de compras ou outro tipo de administrador que, como o profissional de vendas do primeiro nível, também se concentra na velocidade e eficiência da transação.

Nível 2 (Centrado na Solução)

O profissional de vendas centrado na solução é especialista nas características do produto e em como aplicá-las ao ambiente do cliente para resolver determinados problemas. Se o profissional de vendas for bem-sucedido ao demonstrar como os produtos e serviços da empresa solucionam os problemas melhor do que outras opções, ele conseguirá fechar o negócio e alcançar margens de lucro mais elevadas. Por conseguinte, o seu gerenciamento mede não apenas a sua receita, como também as margens de suas negociações. O profissional de vendas justifica as negociações junto ao cliente em margens elevadas mostrando-lhe como ele obterá um retorno atrativo sobre o investimento, mesmo no preço mais alto. Como esse argumento não funciona muito bem com agentes de compras que se concentram apenas no preço e na entrega, o profissional de vendas precisa ter acesso aos gerentes cujos setores serão favorecidos pela compra.

Nível 3 (Centrado na Estratégia)

O profissional de vendas estratégico leva os benefícios de comprar os produtos e serviços para o nível seguinte. Esse profissional de vendas mostra como os produtos e serviços não apenas resolvem problemas mas também como se sintonizam com a estratégia de negócios do cliente. Isso requer um profundo entendimento do negócio do cliente, bem como o conhecimento dos motivos pessoais deste último dos benefícios para ele. O profissional de vendas é capaz de acumular vantagens porque demonstrou que os benefícios do produto não apenas excederão o custo, como também fortalecerão as estratégias do cliente.

Embora o profissional de vendas possa trabalhar com alguém designado para o projeto de alcançar uma solução, ele é capaz de levar a proposta de valor ao nível seguinte, ou seja, aos gerentes responsáveis por implementar as estratégias de negócios. Esses gerentes estão mais interessados no sucesso das estratégias de negócios e na redução dos riscos do que em reduzir os custos. Como o profissional de vendas consegue demonstrar o valor comercial para os gerentes de negócios, ele consegue ingressar na "lista reduzida" de fornecedores, e a sua proposta é uma das três que a política de compras da empresa requer que o gerente avalie.

Nível 4 (Centrado na Mudança)

O profissional de vendas do quarto nível encara a estratégia de negócios como uma maneira de efetuar uma mudança — uma maneira de ir de um lugar para outro, uma maneira de atingir as metas da pessoa ou organização. Ele sabe que a estratégia vencedora representa apenas metade do desafio para o cliente; a estratégia eficaz requer uma mudança eficaz.

As estratégias importantes frequentemente exigem mudanças na organização, como mudanças nos processos, nas pessoas ou na tecnologia – e as pessoas resistem naturalmente às mudanças. Desse modo, uma capacidade fundamental do profissional de vendas centrado na mudança é conseguir entender profundamente as metas, o ambiente, a cultura, o comportamento e as estratégias do cliente. Com esse entendimento, o profissional de vendas ajuda o cliente a associar a estratégia de negócios à estratégia de mudança. Para fazer isso, o profissional de vendas do quarto nível precisa ter acesso aos executivos que definem a estratégia e dirigem a sua implementação para obter a confiança deles.

A proposta de valor do profissional de vendas centrado na mudança é que ao comprar com a sua empresa, o cliente será capaz de realizar as mudanças que a estratégia foi concebida para alcançar. Como um pequeno número de outros fornecedores, ou talvez nenhum deles, é capaz de fazer essa proposta, a concorrência não está seriamente disputando o negócio, e o profissional de vendas não precisa competir pelo preço. Na realidade, o cliente deseja garantir que a transação seja lucrativa e que a empresa do profissional de vendas seja financeiramente sólida porque está acreditando que ela cumprirá o prometido. O profissional de vendas e a sua empresa têm um relacionamento de confiança a longo prazo com o cliente, de modo que a sua gerência executiva pode se dar ao luxo de olhar além dos períodos fiscais atuais para avaliar e maximizar o valor total antecipado do negócio ao longo da duração total do relacionamento com o cliente (Valor do Tempo de Vida).

Ontem *versus* hoje

A diferenciação baseada no preço e na entrega, nas soluções ou mesmo na estratégia de negócios funcionou bem no passado. No entanto, para vencer no mundo em rápida transformação dos dias de hoje, você terá que liderar a mudança. Precisará se tornar centrado na mudança.

Por que mudar?

- Você está lucrando o máximo possível?
- Está ultrapassando as suas metas de receita?

- Está mantendo a concorrência afastada das contas dos seus clientes?
- Você é imune à pressão sobre a determinação dos preços no seu negócio?
- Está expandindo o seu negócio com a rapidez desejada?
- É capaz de manter a trajetória do seu negócio porque não há mudanças no seu negócio e as condições de mercado são bastante estáveis?
- Você está conseguindo tudo o que quer na vida?

Se você respondeu "não" a qualquer uma das perguntas, então *Revolução nas Vendas* o ajudará a:

- Aumentar a sua receita e a sua renda
- Manter seus concorrentes afastados
- Manter margens de lucro mais elevadas
- Melhorar a competitividade da sua equipe de vendas
- Tornar-se um recurso estratégico para os seus clientes
- Fazer com que os compradores liguem para você em vez de você telefonar para eles
- Melhorar o seu *pipeline* e previsão de pedidos
- Desenvolver um relacionamento sólido, a longo prazo, com os seus clientes
- Acabar com o mito de que os profissionais de vendas precisam ser insistentes para ter êxito
- Atingir as suas metas financeira e pessoal

Todos nós gostaríamos de alterar as circunstâncias como o dr. Who, que viaja no tempo (da série de ficção científica da televisão britânica), e desejaríamos poder fazer com que as pessoas fossem deslocadas instantaneamente de um local para outro como acontece na sala de transporte na série *Jornada nas Estrelas*. No entanto, mesmo que isso não nos agrade, a realidade é que vivemos em um mundo newtoniano no qual os corpos permanecem em repouso a não ser que sejam submetidos a uma força. Assim, se desejarmos influenciar esses corpos, precisamos entender muito bem as forças exercidas sobre eles. Aplicar essa realidade ao seu negócio e à sua vida significa que se você deseja influenciar os seus clientes, a sua organização, as pessoas na sua vida e a vida em geral, precisa entender com perfeição as forças que estão influenciando essas situações. Isso nos conduz ao Segredo nº 3, que discutiremos na próxima seção.

Mas primeiro vamos dar uma olhada no que acontecerá se você não abraçar as forças da mudança para se tornar um líder em vez de um seguidor. As organizações que não atuarem como líderes estarão sujeitas a uma concorrência cada vez maior. Elas precisarão reduzir substancialmente as suas estruturas de custo para conviver com margens de lucro mínimas e, em um nível individual, moderar o seu estilo de vida pessoal para subsistir baseadas em uma fração da sua renda disponível.

Se esse redimensionamento não parecer muito agradável, as organizações podem optar por se tornar líderes da mudança, promovendo uma mudança valiosa no interesse dos seus clientes e, com isso, não apenas mantendo as suas receitas e margens de lucro, como também aumentando-as. Além de continuar a crescer, os seus negócios desenvolverão uma vantagem competitiva que poderá ser cada vez mais sustentada, porque as organizações que optarem por se basear em margens de lucro mínimas irão ficar cada vez mais para trás sem os recursos necessários que lhes permitiriam recuperar o terreno perdido.

No entanto, essa não é apenas uma decisão do CEO ou da diretoria. A decisão principal reside em você. Você é o CEO da sua "Corporação Pessoal", e está sujeito à mesma dinâmica, se bem que em uma escala individual. As pessoas que lerão este livro podem ser divididas em dois tipos.

O primeiro tipo de pessoa lerá o livro e dirá: "Tudo bem, ouvi o que você tem a dizer, mas você está me pedindo para mudar. Está me pedindo para mudar a maneira como eu penso e trabalho. Não tenho tempo para isso neste momento. Preciso lidar diariamente com uma enorme quantidade de problemas e estou fazendo o máximo para acompanhar tudo o que está acontecendo. Quando as coisas se acalmarem um pouco, talvez eu possa pensar em fazer algumas mudanças". Essas pessoas continuarão a presenciar o desgaste das suas receitas e lucros.

O segundo tipo de pessoa dirá: "Esqueça isso! Vou ser um líder da mudança e não vítima da mudança. Vou avançar e permanecer à frente da mudança". Essas pessoas aproveitarão novas oportunidades e colherão novas recompensas. Elas manterão e expandirão as suas margens de lucro e estilos de vida. Ficarão cada vez mais na frente dos seus concorrentes. Com o tempo, estarão tão na frente que as pessoas começarão a se queixar, dizendo: "Isso não é justo". Agora, pergunte a si mesmo: "Eu quero ser a pessoa que reclama ou a pessoa que lidera?"

Como ler este livro

Revolução nas Vendas é um manual para você manter ao seu lado e ter ideias e inspiração em tempo real durante as suas atividades. Ele contém 107 "segredos", ou princípios, para a liderança da mudança eficaz. Cada segredo é redigido concisamente como "O Que Eu Preciso Saber" e "O Que Eu Preciso Fazer" para colocar o segredo em ação. Como os segredos são de fácil leitura, você poderá se sentir tentado a ler rapidamente o livro inteiro. Caso adote essa abordagem, é interessante que (a) procure as ideias fundamentais que são relevantes no momento atual e (b) se esforce para entender a Estrutura da Liderança da Mudança como um todo.

No entanto, cada "segredo" na verdade resume ideias complexas a respeito das quais livros inteiros foram escritos. Desse modo, você poderá reler várias vezes este livro e, a cada vez, obter novos vislumbres. Recomendo com insistência que você o conserve à mão e leia um segredo todas as manhãs. Depois de ler o segredo, faça a si mesmo as três perguntas seguintes:

1. Presenciei ocorrências desta ideia no meu negócio ou na minha vida?
2. Como posso ter aplicado este princípio e como posso ter afetado o resultado?
3. Como posso aplicar, hoje, este princípio?

Objetivo

O objetivo deste livro é ajudá-lo a desenvolver e, em seguida, manter uma visão centrada na mudança dos seus clientes, das pessoas e das organizações, e da sua própria vida; encará-los como um conjunto de forças e um conjunto de mudanças. Asseguro que quando você adotar uma visão centrada na mudança e aprender a utilizar as forças da mudança, você vivenciará um intenso crescimento, tanto nas vendas quanto na sua vida.

Este é provavelmente o momento adequado para apresentá-lo ao segredo nº 1.

Segredo Nº 1
O Mundo Está Mudando

O mundo está mudando tão rápido hoje em dia que o homem que diz que uma coisa não pode ser feita é geralmente interrompido por alguém que a está fazendo.
— Elbert Hubbard

O Que Eu Preciso Saber

É verdade que o fato de que o mundo está mudando não é um grande segredo, especialmente se você leu a introdução deste livro. A mudança salta aos seus olhos todos os dias, quer você esteja se barbeando ou se maquiando. Mas muitas pessoas não tomam conhecimento da mudança, não fazem caso dela ou negam que ela exista. A não ser que você abrace a mudança e a lidere, será esmagado por ela. Você acordará um dia, olhará no espelho, e se dará conta de que o mundo passou por você.

No mundo das vendas, não faz muito tempo, os compradores costumavam buscar soluções com os representantes locais. Os profissionais de vendas que tinham a aptidão de formar relacionamentos, compreender o problema do comprador, e posicionar os seus produtos e serviços como a melhor solução para esse problema, tinham a chance de conseguir fechar o negócio.

A força da Internet. Agora, quase duas décadas depois do surgimento da World Wide Web, os compradores são cada vez mais capazes de explorar a riqueza de informações da Internet e se aprimorar, tanto no que diz respeito à definição do problema quanto à descoberta da melhor solução.

Globalização. Para aumentar o poder do comprador, a moderna infraestrutura de comunicação oferece conexões super-rápidas e permanentes aos fornecedores do mundo inteiro, que oferece muitas vantagens aos compradores, inclusive o acesso a forças de trabalho que funcionam 24 horas por dia, 7 dias por semana, custos de mão de obra mais baixos e uma qualidade superior.

O Que Eu Preciso Fazer

O segredo que conduzirá as suas vendas a novos níveis está tornando a mudança uma parte de tudo o que você vê, sente, toca e pensa; em outras palavras, você precisa se concentrar na mudança.

Os profissionais de vendas e as empresas que eles representam se veem diante de duas escolhas: ou se tornam comoditizados pela concorrência global e pelo comércio na Internet, ou aumentam significativamente o valor que adicionam ao comprador.

Apresentar uma solução para um problema não é mais suficiente para conseguir um negócio. O profissional de vendas precisa entender profundamente os desafios organizacionais do comprador, e se tornar um agente de mudança, promovendo resultados comerciais permanentes para o cliente.

Resumo das Atividades

- Avance sempre e esteja em constante transformação.
- Coma mudança. Durma mudança. Respire mudança. Viva a vida em torno da mudança.

A força da Internet

Globalização

ESTRUTURA DA LIDERANÇA DA MUDANÇA

AS PREMISSAS

INTRODUÇÃO

ÀS

PREMISSAS DA ESTRUTURA DA LIDERANÇA DA MUDANÇA

➥ O que é?

A Estrutura da Liderança da Mudança é um modo de pensar a respeito da mudança e de liderá-la. Essa estrutura funciona baseada na premissa de que os profissionais de vendas criam o valor máximo quando ajudam os clientes a atingir suas metas.

➥ Por que é importante?

O que faz as pessoas mudarem?

Como as pessoas decidem mudar?

Como as pessoas efetuam a mudança?

Para liderar a mudança, você precisa estudar as respostas a essas perguntas, o que eu chamo de "psicologia da mudança". Para implementar o seu aprendizado na prática, frequentemente é de grande ajuda organizar os conceitos discrepantes em uma "estrutura". As estruturas fazem com que se torne mais fácil entender e relembrar os conceitos, e elas servem como uma espécie de receita para que possamos nos guiar por esses conceitos. Portanto, no meu livro anterior, *Forceful Selling*, introduzi a Estrutura da Liderança da Mudança* para captar os conceitos essenciais da psicologia da mudança e descrever um processo para liderar a mudança nas pessoas e nas organizações.

➥ De que maneira ela é nova ou diferente?

Essa abordagem centrada na mudança, que aplica conceitos da psicologia da mudança ao processo de venda, é uma importante evolução na teoria de

---

*   *Change Leadership Framework*® no original. (N. da T.)

vendas. Ao longo dos últimos vinte anos, os melhores profissionais de vendas aprenderam a descobrir o problema do cliente, definir uma solução e descobrir os benefícios de resolver o problema, um processo reativo que, hoje em dia, ocorre com mais frequência na Internet, o que desvaloriza a função do profissional de vendas. Para preservar o seu valor e impedir que os produtos da sua empresa se tornem mercadorias com uma baixa margem de lucro, os profissionais de vendas precisam ser proativos e criar valor liderando as mudanças necessárias para revelar o valor do cliente.

↪ **Quais são os conceitos errôneos mais comuns?**
Um mito comum é que os profissionais de vendas e os líderes da mudança bem-sucedidos se comportam como buldogues vorazes que abocanham agressivamente as oportunidades e as perseguem furiosamente até que o cliente acaba cedendo. Embora a tenacidade e a perseverança sejam qualidades que ajudam os líderes da mudança a alcançar os resultados desejados pelo cliente, os profissionais de vendas insistentes não se tornarão profissionais de peso centrados na mudança. Portanto, um personagem do tipo buldogue, Joe Bulldog (carinhosamente chamado de J.B.), é usado nas ilustrações ao longo do livro para parodiar o mito do vendedor do tipo buldogue e para exemplificar o conceito essencial de cada segredo.

↪ **Quais são os principais take-aways* e como colocá-los em ação?**
Para evitar ser substituído por uma página da Web, ou ver as suas margens de lucro e comissões se tornarem quase invisíveis, você precisa se tornar um agente de mudança que ajuda os clientes a alcançar as metas que desejam atingir em vez de simplesmente resolver os problemas deles. Comece perguntando: "Qual é o seu objetivo?" em vez de perguntar: "Qual é o seu problema?"

Quando você ajuda os clientes a atingir os objetivos que eles têm em mente, você se torna inestimável para eles e as suas vendas e lucros subirão vertiginosamente.

---

* *Take-away*, no contexto das vendas, é uma maneira de limitar, de alguma maneira, o suprimento de um produto ou serviço para aumentar a escassez da oferta. Esse conceito se baseia no fato comprovado de que a escassez vende. (N. da T.)

Segredo Nº 2
As Pessoas só Compram Quando São Obrigadas

As pessoas preferem ter um buraco na cabeça do que um buraco no bolso e perder um dólar.
— Brett Clay

O Que Eu Preciso Saber

Quando foi a última vez em que você pegou uma nota de cem reais, encostou um fósforo aceso nela e disse: "Ahhh. Que maravilha!" Esta não é uma ideia agradável para a maioria das pessoas. Elas sabem e sentem quanto trabalho essa nota de cem reais representa. Sabem o número de horas e de quilômetros que conseguem rodar com o carro com o equivalente a cem reais em gasolina. Sabem quanto sobra depois de fazer as compras da semana no supermercado. Ou devo dizer que elas sabem quantos dias de compras dura uma nota de cem reais? Assim, praticamente qualquer pessoa preferiria ter um furo na cabeça do que perder cem reais.

Quando alguém dá uma nota de cem reais a alguém, essa pessoa não está fazendo isso para se divertir; está fazendo porque alguma coisa a está obrigando. Na condição de profissional de vendas, vendi aplicativos de software e computadores no valor de vários milhões de dólares, de modo que posso afirmar que a última coisa que os vice-presidentes que assinaram os pedidos de compra queriam fazer era assinar um pedido de vários milhões de dólares. Só o fizeram porque se sentiram como aristocratas na Revolução Francesa e não queriam ver as suas cabeças espetadas em uma estaca. Não fosse o fato de que a utilização do produto da minha empresa poderia determinar o fracasso ou o sucesso da companhia inteira do cliente, os vice-presidentes prefeririam ter visto um trem de carga avançando na sua direção do que eu me dirigindo a eles tendo nas mãos uma cotação multimilionária.

ESTRUTURA DA LIDERANÇA   31

O Que Eu Preciso Fazer

Tenha empatia e compaixão pelos seus clientes. Coloque-se no lugar deles e compreenda como é difícil tomar a decisão de comprar.

Procure entender as forças que estão promovendo uma possível compra e ajude o cliente a avaliá-las.

O papel do líder da mudança é bastante parecido com o de um conselheiro. Ajude o cliente a lidar com essas forças e avaliar as opções que têm para reagir a elas fazendo perguntas orientadoras como:

- Como você se sente a respeito disso?
- Que opções você investigou?
- Você levou em consideração [outras opções]?
- Que fatores você sente que são mais importantes na sua decisão?
- Quando você precisa agir?

Essas perguntas ajudam o cliente a decidir como reagir à força que sente.

Resumo das Atividades

→ Demonstre empatia — coloque-se no lugar do cliente.
→ Procure entender o que está obrigando o cliente a entrar em ação.
→ Seja um conselheiro — faça perguntas investigativas.

Segredo Nº 3
Você não é Uma Força

*Se você puxar a corda, ela o seguirá aonde quer que você vá.
Se você empurrá-la, ela não irá a lugar nenhum.*
— Dwight D. Eisenhower

O Que Eu Preciso Saber

Embora seja verdade que as pessoas compram porque são obrigadas a comprar, não é verdade que você possa forçá-las!

Você não pode obrigar as pessoas a comprar. Ponto final.

Em primeiro lugar, as pessoas têm uma profunda aversão a profissionais de vendas insistentes. Quando sentem que estão sendo pressionadas ou coagidas, suas emoções assumem o controle e elas se recusam a comprar, mesmo que lhes doa fazer isso.

Segundo, pressionar as pessoas é uma perda de tempo, energia e recursos. Pressionar pessoas que não estão motivadas é como tentar arrastar um cavalo para o cocho, algo quase impossível. Você terá muito mais sucesso, e ficará muito menos frustrado, se deixar o cliente tomar as rédeas. É como saltar sobre o dorso de um cavalo quando o sino toca na hora da refeição. Você só conseguirá ir aonde o cavalo quiser, ou seja, à manjedoura, mas você chegará lá bem rápido!

Em terceiro lugar, se o cliente sentir que você está tentando forçar uma compra, ele não acreditará que você está pensando no que é melhor para ele.

A liderança da mudança é anti-intuitiva, já que o líder da mudança precisa liderar na direção que os seguidores desejam ir. É por esse motivo que o conceito de um "agente" de mudança é mais apropriado, ou seja, uma pessoa que o cliente utiliza para realizar o desejo dele.

ESTRUTURA DA LIDERANÇA 33

O Que Eu Preciso Fazer

Deixe o "cavalo" decidir para onde e quando quer ir.

Ajuste a sua atitude mental para ser o agente do cliente, o servo do cliente, que sempre se preocupa com o que é melhor para o seu amo.

Veja a si mesmo como um prestador de serviços. O serviço que você presta é ajudar o cliente a fazer uma mudança e alcançar o resultado que ele deseja. O seu produto ou serviço é apenas o veículo da mudança e do resultado desejado.

Quando o cliente tomar medidas para efetuar uma compra e fazer uma mudança, ele o fará porque alguma coisa o obrigou a fazer isso. Procure entender o que foi isso.

Resumo das Atividades

- NÃO tente forçar as pessoas.
- NEM MESMO se considere parte da equação.
- Seja um agente que comprovadamente ajuda o cliente.

Segredo Nº 4
Ninguém Precisa do seu Produto

Quem é bom com o martelo tende a achar que tudo é um prego.
— Abraham Maslow

O Que Eu Preciso Saber

As pessoas compram o seu produto porque precisam dele?

Todos os cursos de vendas ensinam o conceito fundamental da "venda para satisfação de uma necessidade". A ideia é que as pessoas compram coisas a fim de satisfazer uma necessidade ou desejo, para preencher uma lacuna, para resolver um problema. Embora o conceito pareça óbvio, existe um ponto sutil porém incrivelmente poderoso a respeito da compra que até mesmo as pessoas mais brilhantes com frequência não entendem. O que estou querendo dizer é que o problema do cliente não é o fato de ele não possuir o seu produto. A necessidade dele não é o seu produto. Mais exatamente, o seu produto satisfaz uma necessidade percebida pelo seu cliente.

Trabalhei com Ph.Ds no nível de gênios da Cambridge University na Inglaterra, com pessoas com M.B.As de Harvard que trabalham há muitos anos na área de marketing em empresas de produtos de consumo de marca, com engenheiros que realmente acreditam que os clientes avançarão correndo para a melhor ratoeira que prepararem e ainda com profissionais de vendas com muitos anos de experiência no setor. Em todos os casos, sem exceção, quando perguntei: "Qual é o problema do cliente? O que o cliente precisa?" eles responderam: "O problema dele é que ele precisa do meu produto".

Muito bem, vamos tentar de novo. Digamos que você precise da aprovação da sua gerência para comprar uma coisa qualquer. Quando você pede ao seu gerente para assinar o pedido de compra, ele pergunta: "Por que precisamos deste produto?" Você responde: "Porque não o temos". É provável que o gerente diga: "Ah. OK. Então eu concordo?" De jeito nenhum!

O Que Eu Preciso Fazer

Quanto mais cedo você aceitar isso, melhor para você. As pessoas precisam saciar a fome. As pessoas precisam resolver os problemas delas. Mas as pessoas não precisam do seu produto!

O problema do cliente não é que ele não possua o seu produto. Desse modo, procure descobrir qual é o verdadeiro problema. No entanto, o que é ainda mais importante, procure descobrir o que o cliente está tentando realizar. O cliente provavelmente estava tentando fazer alguma coisa e se deparou com um obstáculo. Esse obstáculo tornou-se o "problema". Adicione mais valor, não apenas lidando com o obstáculo, mas ajudando o cliente atingir a meta pretendida.

E não pare por aí. Procure descobrir por que essa meta existe. Qual é a necessidade que o cliente está tentando satisfazer ao atingir a meta? É isso que o cliente "precisa" ou "necessita".

Resumo das Atividades

→ Procure descobrir qual é o problema do cliente.
→ Procure o objetivo que está sendo dificultado pelo problema.
→ Procure descobrir a necessidade que a meta está satisfazendo.

Segredo Nº 5
As Pessoas Compram para Fazer Uma Mudança

Para ter sucesso nos negócios, seja ousado, seja o primeiro, seja diferente.
— Henry Marchant

O Que Eu Preciso Saber

Agora que você conhece um dos segredos mais importantes, ou seja, que as pessoas não compram produtos porque precisam deles, elas os compram para satisfazer uma necessidade, a pergunta passa a ser: "Por que a pessoa tem uma necessidade?"

Vamos discutir as necessidades mais detalhadamente mais adiante neste livro, mas por enquanto diremos que a necessidade ou o problema surge do desejo da pessoa de efetuar uma mudança.

Pense em algumas das suas compras mais recentes. Primeiro, temos os exemplos triviais como as compras do supermercado. Você "precisava" desses produtos porque desejava mudar a sua capacidade de comer em casa. Sem comida na geladeira, você teria que comer em um restaurante ou ficar com fome. Desse modo, o que o obriga a comer em casa? Aparentemente, você queria fazer outra mudança. Talvez quisesse ficar mais saudável evitando o *fast-food*. Talvez desejasse mudar a sua capacidade de adicionar dinheiro à sua poupança, partindo do pressuposto que poderia gastar menos dinheiro comendo em casa.

Um exemplo pessoal menos trivial é a compra de um carro. Se você deu o seu carro velho como entrada para comprar um mais novo, você estava fazendo uma mudança, tanto literalmente quanto na sua cabeça. O que você estava tentando mudar ao comprar um carro diferente? Você estava tentando mudar a segurança do seu meio de transporte? Você estava mudando o tamanho da sua família? Estava mudando a sua imagem? O que estava mudando?

ESTRUTURA DA LIDERANÇA 37

O Que Eu Preciso Fazer

Olhe além da "necessidade". Procure o que está mudando.

Alguns produtos e serviços podem não parecer estar associados a mudanças. Quando você vai ao supermercado semana após semana, pode parecer que nada está mudando. Você simplesmente "precisa" de comida. Mas você poderia realmente comer a mesma coisa no café da manhã, no almoço e no jantar, dia após dia?

É bem verdade que alguns produtos e serviços envolvem mais mudanças do que outros. Mas a sua capacidade de continuar conseguindo os pedidos semana após semana depende da sua capacidade de encontrar ou criar a mudança. Se você não fizer isso, outra pessoa fará isso a você. Por exemplo, algum restaurante na sua cidade pegou um produto extremamente comum, constante, como o hambúrguer, e fez algumas mudanças que o deixaram disposto a pagar muito mais por ele? Talvez ele seja preparado com uma carne especial, ou condimentos exclusivos. Ou talvez o restaurante esteja decorado como uma mina de ouro ou um celeiro.

Na condição de líder da mudança, você precisa encontrar ou criar uma mudança além da "necessidade" aparente.

Resumo das Atividades

➥ Olhe além da necessidade; procure as mudanças que estão motivando a necessidade.
➥ Crie uma "experiência de mudança" para o seu cliente.
➥ Seja o primeiro a mudar — antes que o seu concorrente mude!

Segredo Nº 6
Os Problemas São a Ponta do Iceberg

*Algumas pessoas enxergam problemas e soluções.
Eu vejo mudanças e destinos.*
— Brett Clay

O Que Eu Preciso Saber

Entender o problema do cliente é realmente importante. Na condição de profissionais de vendas, frequentemente temos uma solução em busca de um problema. Com frequência, a nossa função é encontrar alguém que tenha o problema que pode ser solucionado pelo nosso produto.

Entretanto, os problemas e as soluções são apenas a ponta do *iceberg*. Debaixo da superfície estão todas as forças e mudanças que influenciam a organização. Quando uma organização reage às forças que agem sobre ela realizando uma mudança, um problema "vem à tona". O problema na superfície é meramente um sintoma das forças que agem debaixo da superfície.

Para cada problema reconhecido por uma organização e para cada solução que os vendedores apresentam para solucioná-lo, muitas forças estão em ação na organização. É comum os clientes estarem bem avançados no caminho em busca de uma solução específica sem terem definido adequadamente o problema, sem terem avaliado completamente a situação subjacente.

O cliente dará muito mais valor a você se você ajudá-lo a abordar as questões subjacentes. Você também encontrará um conjunto muito maior de oportunidades debaixo da superfície.

O Que Eu Preciso Fazer

Procure os problemas e as soluções, mas depois verifique o que está debaixo da superfície.

ESTRUTURA DA LIDERANÇA 39

Faça as seguintes perguntas, usando os termos com os quais o cliente está familiarizado:

- O que está mudando?
- Que destino o cliente está tentando alcançar?
- Que forças estão em ação?
- Em que direção as forças estão apontando?
- Como as forças se comportarão?

Se o cliente estiver diante de um problema urgente e decisivo, ele talvez só esteja disposto a discutir soluções imediatas, "ataduras" capazes de proporcionar um alívio rápido ao problema. Escolha o momento apropriado para fazer uma verificação debaixo da superfície e descobrir as causas subjacentes. Você provavelmente compreenderá, com o tempo, as forças que estão atuando sobre a organização. O segredo é ter uma atitude mental que o leve a buscar forças e mudanças em vez de meramente procurar os problemas.

Resumo das Atividades

→ Preste bastante atenção à descrição que o cliente faz do problema e o que ele considera a solução ideal.
→ Procure descobrir as forças e mudanças que estão tendo lugar debaixo da superfície.
→ Volte a atenção para questões subjacentes a fim de identificar maiores oportunidades, gerar mais valor e aumentar a sua receita.

SEGREDO Nº 7
A Entrega de Resultados Sobrepuja o Relacionamento

A entrega insuperável de resultados é o sucesso do cliente;
o preço insuperável é o fracasso.
— Brett Clay

O Que Eu Preciso Saber

Você já ouviu o ditado: "As pessoas compram daqueles de quem gostam?" Você encontrará essa declaração em todos os livros sobre vendas já escritos. Mas ela é verdadeira? Vender envolve basicamente a personalidade do tipo vaselina, cordial, que agrada a todo mundo?

Bem, aqui está um novo ditado para você: "As pessoas compram nos sites de que mais gostam".

Se ainda não aconteceu, o seu cliente está prestes a romper com você para ter um relacionamento com um site. O que pode um profissional de vendas fazer senão se sentar ao lado do telefone e comer uma barra de chocolate para se reconfortar? Destacar-se na apresentação de resultados!

As pessoas espertas que compram hoje na Internet não o fazem baseadas na personalidade e nos relacionamentos. Elas compram pensando no preço e no que vão receber. Competir no preço é uma proposta derrotada, porque alguém na Internet sempre estará oferecendo o seu produto e o seu serviço por um preço mais baixo — provavelmente de graça. Esse é o fascínio da Internet. A sua única opção é se concentrar na entrega, em apresentar ao cliente o resultado desejado com a máxima qualidade e o menor risco. Em outras palavras, entregue o sucesso ao cliente.

Os profissionais de vendas que desenvolvem a confiança por entregar sistematicamente o sucesso aos consumidores terão os clientes mais valiosos a longo prazo e o maior aumento de receita.

ESTRUTURA DA LIDERANÇA   41

O Que Eu Preciso Fazer

Esqueça a ideia de competir no "relacionamento". O seu relacionamento não é tão irresistível para o cliente quanto obter o melhor preço e qualidade na Internet.

Esqueça a ideia de competir no preço. Você nunca ganhará dinheiro e nunca desenvolverá uma base de clientes leais e satisfeitos.

Concentre-se em entregar o sucesso ao cliente, ou seja, em alcançar o resultado que o cliente deseja com qualidade máxima e risco mínimo.

Satisfação = Confiança. Ao entregar o sucesso sistematicamente ao cliente, você se torna um recurso confiável para o comprador.

Confiança = Receita. Tão logo você se torne um recurso confiável, os pedidos irão para você em vez de para o seu concorrente.

Resumo das Atividades

- Entregue o sucesso para o cliente.
- Não comprometa a qualidade ou o risco.
- Concentre-se mais em estabelecer confiança do que em desenvolver o relacionamento.

Segredo Nº 8
A Oportunidade só Surge com a Mudança

Aquele que rejeita a mudança é o arquiteto da decadência.
A única instituição humana que rejeita o progresso é o cemitério.
— Edmund Wilson

O Que Eu Preciso Saber

Vou usar duas analogias: um veleiro e uma estrada de tijolos.

Vazamentos em um veleiro, velas rasgadas e guinchos quebrados são exemplos de problemas. Resolver esses problemas mantém o barco à tona. Mas ter um barco que flutua não significa que ele irá para algum lugar. Somente por meio de mudanças, como ajustar as velas e manobrar o barco, este zarpará em direção a um destino.

Os problemas também são como tijolos na estrada; são finitos e o número de problemas continua a aumentar, até onde os conseguimos enxergar. Às vezes, os problemas se parecem mais com penedos do que com tijolos, mas em todos os casos eles estão no caminho que vai dar aonde você quer ir. Em *O Mágico de Oz*, de L. Frank Baum, Dorothy recebe instruções para seguir a estrada de tijolos amarelos até chegar à Cidade das Esmeraldas onde encontrará o Mágico de Oz. A sua visita ao Mágico na Cidade das Esmeraldas é um marco miliário na sua jornada de volta à sua casa no Kansas.

Analogamente, os problemas são tijolos na estrada que formam um caminho para alcançar marcos miliários nas suas atividades profissionais e na sua vida. As mudanças são os destinos a que você tenta chegar resolvendo problemas.

Não raro, ficamos envolvidos com os problemas e deixamos escapar a perspectiva de que os problemas são apenas tijolos. Somente por meio da mudança é que criaremos oportunidades e atingiremos as nossas metas.

O Que Eu Preciso Fazer

Antes de deixar o escritório no final do dia, ou antes de ir dormir à noite, pergunte a si mesmo: "O que eu mudei hoje?" Se você não mudou nada, não criou nenhuma oportunidade.

Depois, antes de se deitar, pergunte a si mesmo: "O que eu vou mudar amanhã?" Mesmo que você só faça uma pequena mudança todos os dias, ao olhar para trás no final do ano, você terá realizado muito mais do que poderia ter imaginado.

Depois de sentir o poder da mudança, você ficará entusiasmado e desejará ajudar outras pessoas a experimentar os benefícios dela. Quando você acreditar intensamente no poder da mudança, o que só poderá acontecer se você vivenciá-la, você irradiará entusiasmo, segurança e firmeza. A sua paixão será contagiante e você terá êxito ao ajudar os seus clientes a criar novas oportunidades e desfrutar novas recompensas.

Resumo das Atividades

➙ Faça uma mudança por dia.
➙ Procure novas oportunidades para si mesmo e para os seus clientes.
➙ Conte as coisas boas e, depois, conte as suas mudanças.

Segredo Nº 9
Torne-se Um Líder da Mudança

Liderança é ação, e não posição.
— Donald H. McGannon

O Que Eu Preciso Saber

As vendas centradas na mudança mudam o paradigma de vendas. Em vez de perguntar aos gerentes de nível médio: "Qual é o seu problema?", a seguinte pergunta passa a ser feita aos executivos: "O que você está tentando mudar? Por quê? Como?"

O modelo de vendas centrado na mudança adota a seguinte abordagem:

1. **Cave oportunidades**
   - Crie oportunidades, em vez de reagir a elas
   - Concentre-se em relacionamentos mais profundos com um menor número de clientes

2. **Desenvolva valor estratégico**
   - Procure entender as forças que estão afetando o cliente
   - Ajude a definir e promover mudanças estratégicas em benefício do cliente

3. **Mantenha relacionamentos para toda a vida**
   - Torne-se um consultor e agente de mudança
   - Evolua junto com o amadurecimento da capacidade do cliente

ESTRUTURA DA LIDERANÇA

O Que Eu Preciso Fazer

O primeiro passo é ajudar o cliente a identificar oportunidades. Lembre-se de que as oportunidades são criadas quando efetuamos mudanças.

Em seguida, procure compreender as forças que influenciam a organização do cliente e a capacidade dessa organização de implementar mudanças.

Depois, ajude o cliente a definir as mudanças que ele quer fazer como reação às forças.

Seja um consultor e agente de mudança ajudando o cliente a alcançar as mudanças desejadas.

Finalmente, mantenha um relacionamento para a vida toda com o cliente continuando a identificar oportunidades e a ajudar o cliente a desenvolver continuamente a capacidade para explorá-las.

Resumo das Atividades

➥ Ajude os clientes a identificar as oportunidades de mudança.
➥ Veja a si mesmo como um consultor da mudança.
➥ Conserve o seu valor desenvolvendo continuamente suas próprias capacidades.

Segredo Nº 10
A Estrutura da Liderança da Mudança

> *Munido de imaginação, criatividade e audácia,
> explore, descubra e mude o mundo.*
> — Daniel S. Goldin

O Que Eu Preciso Saber

Se a venda centrada na mudança diz respeito essencialmente a ajudar o cliente a alcançar a mudança, como o profissional de vendas faz isso? A resposta está na Estrutura da Liderança da Mudança, que encerra cinco disciplinas:

1. **Análise do Campo de Força**
   - Que forças a pessoa está experimentando?

2. **Análise da Reação à Mudança**
   - Como a pessoa reagirá às forças?

3. **Análise da Energia**
   - Que esforço será necessário para efetuar a mudança desejada?

4. **Criação de Valor**
   - Qual será o valor de efetuar a mudança?

5. **Acionamento da Mudança**
   - Como será feita a mudança?

Ao utilizar a Estrutura da Liderança da Mudança como um plano para ajudar os clientes a alcançar os resultados desejados, você não apenas será um incrível líder da mudança, como também se tornará um valioso recurso para os seus clientes, o que o colocará na posição ideal para ter sucesso em um mundo altamente competitivo.

O Que Eu Preciso Fazer

Implemente habilmente a Estrutura da Liderança da Mudança para ajudar os seus clientes a alcançar os resultados desejados.

Melhore o seu nível de aptidão e bem-estar recapitulando diariamente um dos conceitos de *Forceful Selling* ou de *Revolução nas Vendas* e implementando-o pelo menos uma vez durante o dia.

Alguns relacionamentos de contas podem ser muito complexos, contendo um grande número de vendas em diferentes estágios. Por conseguinte, talvez não seja apropriado estabelecer um tipo de pedido único em todas as suas atividades. À medida que você for ficando mais familiarizado com os conceitos da venda centrada na mudança, eles se tornarão instrumentos que você poderá retirar da sua caixa de ferramentas no momento apropriado.

O segredo é permanecer concentrado na mudança e manter a sua atitude mental como agente de mudança. Depois, você será capaz de estabelecer e sustentar a sua posição de recurso estratégico para o seu cliente.

Resumo das Atividades

→ Leia um segredo de liderança da mudança por dia.
→ Melhore a sua liderança da mudança praticando um novo conceito todos os dias.
→ Promova uma contínua melhora progressiva, em benefício tanto do cliente quanto das suas próprias atividades.

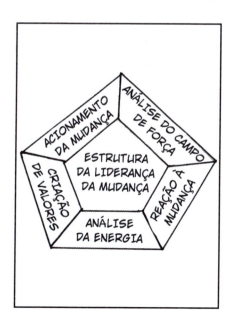

ANÁLISE DO CAMPO DE FORÇA

A PRIMEIRA DISCIPLINA

INTRODUÇÃO

À

ANÁLISE DO CAMPO DE FORÇA

↳ O que é?

A análise do campo de força é o processo pelo qual o cliente entende as forças que está sentindo. Em outras palavras: o que está motivando o cliente?

No caso dos leitores do século XXI, que podem associar os campos de força a escudos eletromagnéticos, raios tratores e outros conceitos da ficção científica, pode haver uma certa confusão com relação ao que é exatamente um campo de força. Quando o psicólogo alemão Kurt Lewin introduziu pela primeira vez o termo "campo de força" na década de 1930, ele estava se referindo a "um campo de forças" (pense em um campo de flores) no qual uma força é a tendência de se descolar ou mudar de posição. Assim, a análise do campo de força é o processo de analisar a interação de forças e as mudanças resultantes. Ou então, em poucas palavras, é o processo de analisar o que leva as pessoas a entrar em ação.

O princípio subjacente das teorias e equações de Lewin é que as pessoas e organizações efetuam mudanças em resposta a forças que experimentam. A extensão desse princípio aos comportamentos de compras resulta na formação de vários princípios de vendas extremamente importantes, que descrevi em *Forceful Selling*. As pessoas e as organizações fazem:

1. Compras para efetuar a mudança.
2. Compras em resposta a forças que experimentam.
3. Mudanças e compras quando são obrigadas a fazê-lo.

⇢ Por que é importante?
Para ajudar o cliente da melhor maneira e ter maior chance de fechar uma venda com uma elevada margem de lucro, você precisa entender o que está motivando as ações do cliente e o que ele está tentando alcançar.

⇢ De que maneira ela é nova ou diferente?
Os profissionais de vendas aprenderam tradicionalmente a procurar a dor dos clientes e depois sugerir soluções. As soluções são como ataduras. Elas curam a dor. No entanto, as pessoas ficam satisfeitas apenas por não sentir dor? Ou elas efetivamente desejam se sentir bem, ir a algum lugar, realizar alguma coisa? Por exemplo, os executivos são recompensados por evitar que a empresa vá à falência ou por expandir os negócios e alcançar as metas dos investidores? As mudanças e as realizações são mais valiosas do que os problemas e as soluções.

⇢ Quais são os conceitos errôneos mais comuns?
Um dos maiores erros que vejo os profissionais de vendas e os executivos cometerem é confundir problemas com soluções. A nossa língua tem, parcialmente, culpa disso. Dizemos coisas como "Preciso de uma pausa" e "Preciso de um café". Mas essas são soluções e não problemas. A necessidade é a existência de um problema, não de uma solução. No entanto, existe aqui um ponto ainda mais fundamental. Em vez de perguntar: "Você precisa de uma pausa?", pergunte: "Você está se sentindo cansado?" Concentrar-se no que o cliente sente é bem mais poderoso e abre todo um mundo de possibilidades tanto para o cliente quanto para o profissional de vendas.

⇢ Quais são os principais *take-aways* e como colocá-los em prática?
Você será bem mais valorizado – e recompensado – pelos seus clientes se ajudá-los a reagir às forças que sentem e alcançar as metas que têm em mente. Pense em si mesmo como um conselheiro e pergunte aos clientes o que eles estão sentindo.

Segredo Nº 11
Seja Um Psicólogo Amador

Você não pode possuir o que não consegue entender.
— Johann Wolfgang von Goethe

O Que Eu Preciso Saber

Para ser um líder da mudança eficaz, você precisa entender profundamente a psicologia da mudança.

Mudar não é fácil. Se fosse, todos já teríamos nos transformado em seres perfeitos. Na realidade, a mudança é bem difícil. A dificuldade reside na nossa capacidade de abandonar uma situação vigente e aventurar-nos em uma situação nova e desconhecida. Esse processo é a psicologia da mudança.

Entender a psicologia da mudança o ajudará a encontrar respostas para as principais perguntas com que o líder da mudança se depara:

- O que o cliente deseja mudar?
- Por que o cliente deseja mudar?
- O que o cliente realmente deseja? Qual é a meta decisiva do cliente?
- O que está impedindo o cliente de mudar? Por que ele ainda não mudou?
- O que motiva o cliente? O que "mexe" com ele?
- O que está envolvido no processo da mudança? O que será preciso?
- Como o cliente se comportará antes, durante e depois da mudança?

O Que Eu Preciso Fazer

Você não precisa ter um treinamento formal em psicologia clínica. Não precisa ser capaz de fazer diagnósticos a partir do *DSM III*.* Mas para ser um líder da mudança proeminente, você precisa se dedicar ao estudo do comportamento e do modo de pensar das pessoas. Essa é a sua vantagem competitiva remanescente sobre a Internet e os seus concorrentes internacionais.

Para entender melhor a psicologia da mudança, recomendo que você leia o meu livro, *Forceful Selling*.

Para compreender melhor a maneira como as pessoas pensam e se comportam, recomendo que você leia *Please Understand Me II* de David Keirsey. Você verá que a descrição de Keirsey de dezesseis tipos de personalidades é extremamente perspicaz e proveitosa.

Faça o seguinte exercício na próxima vez em que estiver em um local público: olhe à sua volta e identifique cinco pessoas diferentes. Faça a si mesmo algumas das sete perguntas anteriores com relação a cada uma das pessoas, por exemplo: Por que essa pessoa está aqui? Qual foi a primeira coisa que ela pensou quando acordou esta manhã? Que rumo ela quer tomar na vida? Qual a maior mudança que ela fará neste mês?

Resumo das Atividades

➡ Seja um estudioso das pessoas.
➡ Coloque-se no lugar delas.
➡ Desenvolva uma infinita curiosidade e apreço pelas pessoas.

---

* *Diagnostic and Statistical Manual of Mental Disorders* [Manual Diagnóstico e Estatístico de Transtornos Mentais].

SEGREDO Nº 12
ENTENDA AS QUATRO FORÇAS

Sucesso... significa a oportunidade de descobrir e realizar as forças máximas que estão dentro de nós.
— David Sarnoff

O Que Eu Preciso Saber

Em *Principles of Topological Psychology*, Kurt Lewin aventou que o comportamento é função da pessoa e do seu ambiente. A Estrutura da Liderança da Mudança desenvolve a equação de Lewin e modela as forças que as pessoas e organizações vivenciam em quatro dimensões, chamadas as Quatro Forças:

1. **Necessidades interiores** — **N**ecessidades
2. **Tendências comportamentais** — **C**omportamentos
3. **Estratégias cognitivas** — **E**stratégias
4. **Forças ambientais** — **A**mbiente

Por conseguinte, a Estrutura da Liderança da Mudança sugere que a "pessoa" (P) de Lewin é função das suas necessidades interiores (psicológicas) (N), das suas tendências comportamentais inatas (C) e das suas estratégias cognitivas (E). Expresso de uma maneira que Lewin teria adorado ver, esse conceito produziria a seguinte equação: Comportamento = f (N, C, E, A).

Essas quatro dimensões funcionam como componentes primários que estão exaustivamente contidos no universo de forças que atuam sobre a pessoa ou organização. Por exemplo, embora o seu computador possa exibir até 16,2 milhões de cores diferentes, todas são compostas de diferentes quantidades de apenas três cores: vermelho, verde e azul. Analogamente, embora as pessoas possam sentir muitas forças diferentes, a Estrutura da Liderança da Mudança as modela em quatro dimensões primárias: necessidades, comportamentos, estratégias e ambiente.

O Que Eu Preciso Fazer

Veja as pessoas como um conjunto de forças.

Desenvolva o hábito de perguntar, sempre que olhar para alguém: "Que forças essa pessoa está sentindo neste exato momento?"

Trace perfis dos *stakeholders* nas suas contas e atualize-os uma vez a cada trimestre. Por definição, as tendências comportamentais deles não devem mudar muito com o tempo, mas as necessidades, as estratégias e o ambiente deles estão em constante transformação.

Procure incessantemente desenvolver o entendimento dos campos de força dos seus clientes. Por exemplo, você pode tentar entender mais profundamente as necessidades emocionais atuais de um cliente e de que maneira essas necessidades foram satisfeitas no passado. Todas as vezes que você se comunicar com seu cliente, tenha uma pergunta preparada que melhore o seu entendimento.

Aplique também a análise do campo de força às situações, identificando os fatores que estão influenciando a situação. Em seguida, procure entender o tamanho deles e como eles irão influenciar o resultado final.

Resumo das Atividades

→ Pergunte: "Que forças essa pessoa está sentindo neste exato momento?"
→ Aprimore constantemente o seu conhecimento do cliente.
→ Aplique a análise do campo de força a todas as pessoas e situações.

Segredo Nº 13
Procure Entender as Necessidades Interiores do Cliente

> *Todo progresso se baseia em um desejo universal inato da parte de todo organismo de viver além da sua renda.*
> — Samuel Butler

O Que Eu Preciso Saber

A força situada na essência de tudo o que fazemos é a força das nossas necessidades e desejos.

No trabalho que publicou em 1943, intitulado "Teoria da Motivação Humana", Abraham Maslow apresentou uma estrutura para explicar o que motiva o comportamento humano. Maslow teorizou que "o homem é um animal que está perpetuamente insatisfeito", e que tão logo uma necessidade é satisfeita, outra surge no seu lugar. Além disso, Maslow teorizou que os seres humanos priorizam as necessidades em uma ordem específica ou "hierarquia", na qual as necessidades básicas precisam ser satisfeitas antes que as mais elevadas possam existir.

A Hierarquia das Necessidades de Maslow expõe uma taxonomia de cinco classes:

- **Autorrealização** — a necessidade mais elevada; a necessidade de desenvolver o que há de melhor em nós e de sermos o mais felizes possível
- **Estima** — o desejo de poder, realização, reconhecimento e consideração
- **Amor e entrosamento** — o desejo de relacionamentos sociais
- **Segurança** — o desejo de segurança e estabilidade
- **Fisiológico** — a necessidade mais básica; a necessidade de manter as funções corporais

Embora outras teorias sobre a motivação humana também tenham sido propostas, o que você realmente precisa saber é que as necessidades, ou motivações, interiores das pessoas, são fundamentais para todas as suas atividades de comportamentos observados.

A PRIMEIRA DISCIPLINA 57

O Que Eu Preciso Fazer

Talvez a tarefa mais importante na liderança da mudança seja descobrir as necessidades interiores da pessoa ou da organização — o que ela está essencialmente buscando alcançar. Por conseguinte, procure entender:

- Qual a posição dela na Hierarquia das Necessidades de Maslow
- Os motivos dela
- Os valores dela
- O espírito dela
- As metas dela
- As ansiedades dela
- Os ideais dela

Todos esses fatores são "necessidades" que motivam o comportamento humano. (Nota: não confunda o substantivo "necessidades" como Maslow o emprega, com os verbos "necessitar" ou "precisar" discutido no segredo nº 4.) Quanto melhor você entender o que motiva o seu cliente e o que ele está tentando alcançar, mais capaz você será de ajudá-lo a fazer isso.

Resumo das Atividades

→ Forme um perfil das necessidades interiores dos principais *stakeholders* e tomadores de decisões das suas contas.
→ Procure entender melhor as necessidades do cliente com o tempo.
→ Lembre-se do seguinte: você não está vendendo um produto; você está prestando um serviço para ajudar o cliente a satisfazer as necessidades dele.

Segredo Nº 14
Procure Entender os Comportamentos do Cliente

A pior coisa que poderia acontecer a uma pessoa é ela ser completamente compreendida.
— Carl Gustav Jung

O Que Eu Preciso Saber

Outra força poderosa que influencia o comportamento das pessoas e das organizações são as suas tendências comportamentais. Esses comportamentos são inerentes à pessoa ou organização. Nas pessoas, as tendências comportamentais são frequentemente chamadas de traços ou características de personalidade ou temperamento. Costumamos nos referir às tendências comportamentais das organizações como cultura organizacional.

Em *Forceful Selling*, defini um modelo chamado Seis Tipos de Mudança, que coincidentemente usa seis fatores, que relaciono a seguir, para avaliar a capacidade e disposição das pessoas de mudar, ou seja, o "temperamento de mudança" delas. Vamos analisar mais detalhadamente na Seção 4, Análise da Reação à Mudança, cada um dos tipos de mudança (as metáforas dos animais são representadas nas ilustrações na página ao lado).

Ansiedade. Que tipo de "bagagem" emocional "está impedindo" essa pessoa de se adaptar e mudar com eficácia?
Estabilidade. Em que grau a pessoa está propensa a exibir emoções instáveis e um comportamento neurótico?
Ação. A pessoa tem um nível de energia elevado e está inclinada a avançar e resolver problemas?
Autoconfiança. A pessoa está disposta a se aventurar no desconhecido?
Abertura. Em que medida a pessoa é receptiva a novas ideias e consciente de múltiplas perspectivas?
Tolerância ao risco. Quanto risco a pessoa está disposta a assumir?

A PRIMEIRA DISCIPLINA   59

O Que Eu Preciso Fazer

Cada pessoa é diferente, e as características exclusivas de cada personalidade formarão um conjunto único de forças que determinam o seu comportamento e a maneira como ela muda. Avalie isoladamente os seus clientes baseado nos seis fatores para entender a maneira pela qual a personalidade individual influencia os comportamentos de compra de cada um deles.

Você provavelmente já tem uma noção intuitiva da personalidade de cada um dos seus clientes e da capacidade deles para mudar. Use os seis fatores e o modelo dos Seis Tipos de Mudança para transmitir com clareza para a sua equipe de vendas as características do cliente de uma maneira concreta.

Leia *Please Understand Me II*, de David Keirsey para obter uma descrição meticulosa dos seis tipos de personalidade no modelo de temperamentos dele. Determine qual o temperamento que corresponde melhor ao do seu cliente; em seguida, interaja com ele da maneira que o temperamento dele mais valoriza.

Resumo das Atividades

→ Avalie os clientes utilizando os seis fatores (modelo dos Seis Tipos de Mudança).
→ Determine o temperamento dos clientes (Classificador de Temperamentos de Keirsey).
→ Use esses dois modelos para prognosticar o comportamento do cliente e as mudanças desejadas.

Segredo Nº 15
Procure Entender as Estratégias do Cliente

Somos o que fingimos ser, de modo que temos que tomar cuidado com o que fingimos ser.
— Kurt Vonnegut

O Que Eu Preciso Saber

Na Estrutura da Liderança da Mudança, a "força da estratégia" se refere à influência dos processos cognitivos do cliente, que são basicamente os processos do pensamento. Os processos cognitivos diferem muito das tendências comportamentais, porque quando você faz uma coisa de uma maneira cognitiva, você a faz cuidadosa, meticulosa e deliberadamente; já as tendências comportamentais são atitudes e ações automáticas, descuidadas e incontroladas.

Desse modo, a terceira das Quatro Forças que dirigem o comportamento e a mudança das pessoas ou organização equivale às "estratégias cognitivas" que ela emprega. No esquema da Estrutura da Liderança da Mudança, as estratégias cognitivas são as ferramentas, técnicas, planos, sistemas e outros processos cognitivos abrangentes que a pessoa utiliza rotineiramente para satisfazer necessidades interiores e lidar com as forças ambientais e as tendências comportamentais.

É importante observar que as "estratégias cognitivas", da maneira como a expressão é utilizada aqui, não são estratégias e táticas que planejam um conjunto de atividades relacionadas com uma determinada situação. Mais exatamente, na Estrutura da Liderança da Mudança, estamos buscando as estratégias cognitivas amplas que atuam como forças orientadoras e influenciam o comportamento do cliente.

As estratégias cognitivas do cliente podem equivaler à mais importante das Quatro Forças porque é a única que o cliente pode controlar diretamente.

A PRIMEIRA DISCIPLINA   61

O Que Eu Preciso Fazer

Em primeiro lugar, procure entender que estratégias o cliente está empregando atualmente. Esses sistemas estabelecidos podem servir para respaldar a mudança ou, em muitos casos, podem ter se tornado limitações. Você precisará decidir se é mais eficaz liderar a mudança dentro das restrições das estratégias atuais do cliente ou modificar estas últimas antes de liderar a iniciativa efetiva da mudança.

Segundo, desenvolva novas estratégias cognitivas para promover a mudança. Lembre-se de que, no que diz respeito às Quatro Forças, o cliente tem mais controle sobre as estratégias que emprega. Assim, trabalhe com ele para implementar estratégias que resultem em mudanças desejadas nas outras três áreas, ou seja, nas necessidades interiores, nas tendências comportamentais e nos fatores ambientais.

Resumo das Atividades

↪ Entenda como as estratégias são forças restritivas.
↪ Potencialize as estratégias existentes para respaldar a mudança.
↪ Promova novas estratégias para produzir uma mudança entre as Quatro Forças.

Segredo Nº 16
Procure Entender o Ambiente do Cliente

> *As circunstâncias são os governantes dos fracos, mas são apenas os instrumentos das pessoas sábias.*
> — Samuel Lover

O Que Eu Preciso Saber

A última das Quatro Forças na Estrutura da Liderança da Mudança equivale às forças externas à pessoa ou à organização.

Não podemos nos separar do nosso ambiente. Embora possamos, às vezes, tentar nos separar mentalmente do ambiente e explorar os limites da nossa imaginação, mesmo assim dependemos dele para a nossa existência. Vários psicólogos argumentam que, na ausência de interações e relacionamentos com outras pessoas, também pereceríamos. Desse modo, sem sombra de dúvida, o ambiente desempenha um enorme papel na nossa vida.

A lista de forças ambientais é infinita, mas eis alguns exemplos:

- Influências sociais locais
- A cultura e a política da empresa
- A família e os amigos
- A economia
- Os concorrentes
- A tecnologia

Quando as pessoas pensam na mudança, elas em geral pensam em mudar o seu ambiente. Mas as pessoas precisam analisar completamente as forças ambientais e depois avaliá-las no contexto das outras três forças antes que o melhor plano possível possa ser formulado.

A PRIMEIRA DISCIPLINA 63

O Que Eu Preciso Fazer

Ser um líder da mudança altamente eficaz requer uma exatidão disciplinada. Tome medidas para analisar as forças ambientais do cliente com a mesma minuciosidade que você analisa as forças das necessidades interiores, as tendências comportamentais e as estratégias cognitivas do cliente — e vice-versa.

Dependendo da natureza do seu produto e serviço, um conhecimento básico das principais forças ambientais que estão influenciando a compra atual pode ser suficiente. No entanto, à medida que o valor do seu produto e serviço aumenta, entender profundamente as forças ambientais possibilita que você preveja tendências e desenvolva mudanças altamente inovadoras que ajudem o cliente a tirar proveito do ambiente. Quando você ajuda o cliente a aproveitar as forças ambientais, você se torna efetivamente um recurso estratégico, o que resulta em receitas maiores para o seu cliente — e para você.

Resumo das Atividades

→ Identifique as principais forças ambientais que estão influenciando o atual ciclo de compras.
→ Desenvolva uma proposta que ajude o cliente a ter sucesso no ambiente.
→ Adicione o máximo de valor identificando as oportunidades de aproveitar as forças e tendências ambientais.

Segredo Nº 17
Procure Entender o Espaço Vital do Cliente

*A imaginação foi dada ao homem para compensá-lo pelo que ele não é,
e o senso de humor lhe foi oferecido para consolá-lo pelo que ele é.*
— Robert Walpole

O Que Eu Preciso Saber

O psicólogo alemão Kurt Lewin descreveu espaço vital como "a pessoa e o ambiente psicológico como ele existe para ela", o que inclui as experiências, o aprendizado e os objetivos da pessoa. É um espaço multidimensional, repleto de regiões e forças. As diferentes regiões representam diferentes situações ou estados mentais, ou seja, psicológicos. Uma mudança de posição no espaço vital é um "comportamento". A causa da mudança de uma posição para outra é o que Lewin chama de "força". O desenho na página ao lado ilustra o conceito do espaço vital de Lewin, usando uma colmeia como metáfora. A estrutura da colmeia é o limite do espaço vital da pessoa. Cada célula da colmeia é uma situação ou estado psicológico.

O princípio fundamental da venda centrada na mudança é ajudar o cliente a efetuar mudanças no seu espaço vital, ou seja, se deslocar de uma dessas células para outra.

O tamanho do espaço vital depende do desenvolvimento e das experiências da pessoa. A criança em geral tem um espaço vital menor do que o adulto. Por exemplo, a criança pequena tem dificuldade em se alimentar por si mesma, ao passo que o adulto é capaz de explorar a esfera da gastronomia. Por conseguinte, Lewin aventou que as pessoas com espaços vitais mais amplos têm mais opções. Em outras palavras, elas têm o que eu chamo de um "espaço de mudança" maior.

O Que Eu Preciso Fazer

Ajude o cliente a fazer mudanças no espaço vital dele, procurando entender:

- O mapa mental que a pessoa tem do espaço vital dela
- As forças que atuam no espaço vital
- O conjunto de opções disponíveis, ou espaço de mudança
- As mudanças desejadas

No início do relacionamento, a sua visão do espaço vital do cliente será limitada por uma região ou situação específica. Desse modo, você precisará se concentrar no conjunto de mudanças disponíveis para a pessoa naquela situação específica naquele momento; otimize localmente. Com o tempo, contudo, a sua visão do espaço vital da pessoa se expandirá e você será capaz de ajudar o cliente com mudanças de maior impacto que otimizem "globalmente" todo o espaço vital da pessoa.

Uma das maiores oportunidades para os líderes da mudança é ajudar as pessoas a expandir o "espaço de mudança" delas removendo obstáculos percebidos às mudanças desejadas. Seja sensível a obstáculos que as pessoas impõem a si mesmas e acrescente valor ajudando o cliente a superá-los.

Resumo das Atividades

→ Procure entender como o cliente encara a situação em que se encontra.
→ Identifique as opções de mudança.
→ Ajude a remover os obstáculos que se erguem diante da situação desejada.

Segredo Nº 18
Aproveite as Forças

Existe uma coisa que é mais forte do que todos os exércitos do mundo: uma ideia cuja hora chegou.
— Victor Hugo

O Que Eu Preciso Saber

Você será muito mais bem-sucedido se aproveitar as forças da mudança em vez de combatê-las.

Se depois de fazer a análise do campo de força e entender o espaço vital do cliente, você chegar à conclusão de que o seu produto ou serviço não ajudará o cliente a efetuar a mudança desejada, você tem três escolhas:

1. Excluir o cliente da sua previsão de vendas e continuar a procurar possíveis clientes.
2. Modificar o seu produto para que se torne compatível com as necessidades do cliente personalizando o seu produto, desenvolvendo um novo produto ou adquirindo os direitos para vender um produto final.
3. Mudar a maneira como o cliente percebe a situação dele e as forças que a estão influenciando. O processo de modificar o ponto de vista de um cliente é o que tipicamente chamamos de "venda". A diferença é que o líder da mudança não está vendendo um produto ou serviço; mais exatamente, ele está vendendo uma visão diferente das forças que influenciam o cliente.

Quer você alinhe a sua empresa ao campo de força do cliente, quer mude a maneira como ele o percebe, você está aproveitando a força da mudança e conduzindo a sua empresa e o cliente a um ponto que alcança o resultado desejado do cliente. Depois de fazer isso, você se torna um verdadeiro líder da mudança.

O Que Eu Preciso Fazer

Aproveite as forças da mudança da seguinte maneira:

- Entendendo o espaço vital da pessoa ou organização
- Entendendo as mudanças disponíveis, ou "espaço da mudança"
- Identificando a mudança mais desejável e que o cliente tem mais probabilidade de alcançar
- Identificando obstáculos percebidos
- Alinhando-se com as Quatro Forças que influenciam o cliente:
  - Necessidades
  - Comportamentos
  - Estratégias
  - Ambiente

Permaneça atento ao fato de que a percepção do cliente é a realidade dele. Desse modo, você precisará ao mesmo tempo trabalhar dentro da realidade do cliente e se esforçar para expandir a maneira como o cliente enxerga a realidade.

Resumo das Atividades

→ Sempre que possível, alinhe-se *com* as forças, em vez de *contra* elas.
→ Se necessário, espere até que forças entrem em ação para remover obstáculos.
→ Tome cuidado para que as percepções sejam "precisas" — tanto as do cliente quanto as suas.

Segredo Nº 19
Onde Quer Que Exista Uma Mudança, Forças Estarão Presentes

Todos os grandes resultados no nosso universo se baseiam em movimentos e forças extremamente minúsculos.
— John Joly

O Que Eu Preciso Saber

Um dos princípios da física é que um corpo só pode estar em movimento se uma força for exercida sobre ele. Portanto, por dedução, se o corpo estiver em movimento, uma força foi necessariamente exercida sobre ele.

Essa ideia pode gerar ideias notáveis. Sempre que você observar alguém fazendo uma mudança, você deve perguntar:

- Que forças estão promovendo essa mudança?
  - Necessidades interiores
  - Tendências comportamentais
  - Estratégias cognitivas
  - Fatores ambientais
- A pessoa mudou a partir de que situação?
- Para que situação a pessoa está mudando?
- Para onde essa nova situação conduzirá? Qual será o destino final?

Pode ser que você já faça essas perguntas naturalmente, mas é provável que não pense muito a respeito delas. Quanto mais cuidadosa e sistematicamente você identificar as forças propulsoras, maior será a eficácia com a qual você reconhecerá novas oportunidades de receita e ajudará os seus clientes ao liderar as mudanças desejadas.

O Que Eu Preciso Fazer

Fique atento a *todas* as mudanças que estão tendo lugar na organização do seu cliente.

Use as mudanças como veículos para descobrir as forças que estão em jogo na organização. Comece fazendo perguntas como: O que está promovendo esta mudança? O que se espera que esta mudança alcance? Quando o seu cliente der as respostas, insira-as nas categorias apropriadas do modelo das Quatro Forças. Em seguida, para completar o seu entendimento, faça perguntas nas categorias nas quais você não tem respostas.

À medida que você for desenvolvendo uma imagem completa da organização, adicione "cor" a ela por meio do entendimento das pessoas que estão associadas às diversas forças. Por exemplo: De quem é a necessidade interior que está sendo satisfeita pela mudança? Que pessoas estão alinhadas com a mudança e que energia estão usando para promovê-la?

Em seguida, use o seu conhecimento da organização para se sintonizar com a energia e reconhecer oportunidades.

Resumo das Atividades

- Mantenha o seu "detector de mudanças" ligado no ponto mais sensível.
- Encare as mudanças como oportunidades de entender as forças e caracterizar comportamentos.
- Entre em sintonia com as mudanças e as forças.

Segredo Nº 20
A Mudança Requer Uma Força Constante

O crescimento nunca tem lugar por acaso; ele resulta de forças que atuam em conjunto.
— James Cash Penney

O Que Eu Preciso Saber

Outro princípio da física é que, uma vez em movimento, o corpo permanecerá em movimento a não ser que seja afetado por uma força igual e contrária. Proponho que esse princípio não se aplica ao comportamento humano, pelo menos não na esfera da liderança da mudança. Quantas vezes você não delegou uma tarefa, esperando que ela fosse concluída de acordo com a programação, e descobriu mais tarde que ela não estava nem perto de ser concluída da maneira como você esperava? Quantas vezes você não saiu de férias e, ao voltar, descobriu que pouco progresso tinha sido feito na sua ausência? Frequentemente parece que é a energia do profissional de vendas que faz as coisas acontecerem.

Como uma regra a ser aplicada genericamente, sugiro que os seres humanos estão sujeitos a um efeito refreador inato, como uma força gravitacional, que tende a desacelerar o movimento com o tempo. O efeito refreador é semelhante a quando subimos um morro de bicicleta. Temos que adicionar energia continuamente e continuar a pedalar para superar a força da gravidade. Caso contrário, a bicicleta acaba parando.

Os líderes da mudança precisam ter conhecimento dessa força "gravitacional" e estar preparados para reforçar continuamente a iniciativa da mudança. Lembre-se, contudo, de que você não é uma força. O seu papel é manter a iniciativa da mudança no caminho certo mantendo o cliente consciente das forças presentes na situação.

A PRIMEIRA DISCIPLINA 71

O Que Eu Preciso Fazer

A ideia das forças gravitacionais levanta várias questões interessantes para o profissional de vendas.

- Que fatores têm um efeito gravitacional no espaço vital do cliente?
- Qual das Quatro Forças pode ser ativamente utilizada para adicionar energia à mudança?
  - As necessidades interiores e as forças ambientais podem ser identificadas para neutralizar a gravidade?
  - As forças mais passivas das tendências comportamentais e estratégias cognitivas (por exemplo, os hábitos ou procedimentos da empresa) podem ser utilizadas para perpetuar a mudança?
- O profissional de vendas, no papel de líder da mudança, pode acrescentar energia à mudança?

Resumo das Atividades

↳ Determine se as forças estão aumentando ou diminuindo com o tempo.
↳ Identifique forças que tenham a tendência de adicionar energia à mudança.
↳ Conserve o entusiasmo mantendo o cliente consciente das forças da mudança.

Segredo Nº 21
Onde Quer Que Uma Força Esteja Presente, Haverá Uma Mudança

Todos precisamos obedecer à grande lei da mudança.
É a lei mais poderosa da natureza.
— Edmund Burke

O Que Eu Preciso Saber

Dissemos anteriormente que onde quer que a mudança esteja presente, existem forças que a provocam. É claro que o inverso também é verdade. Onde quer que uma força esteja presente, haverá uma mudança — com o tempo.

Mas lembre-se sempre de que a mudança poderá não acontecer instantaneamente. Poderão existir forças que impeçam que a mudança aconteça. À medida que as forças propulsoras e repressoras aumentam, a única mudança pode ser uma tensão maior. Com o tempo, acontecerá alguma coisa que redirecionará a força propulsora ou a força repressora, liberando com isso a tensão e efetivando a mudança. No estudo da psicologia da mudança, não dizemos que as forças simplesmente desapareçam. A mudança em uma força precisa estar associada à mudança de comportamento — seja uma ação ou uma mudança na mente de alguém.

Este princípio pode ser usado pelo líder da mudança para prever o comportamento das pessoas. Quanto mais o líder da mudança consegue entender o campo de força da pessoa ou organização, com mais precisão ele é capaz de prever os comportamentos da pessoa, as mudanças que encerrarão a maior probabilidade de sucesso e as forças que podem atuar como alavancas para estimular a mudança.

A PRIMEIRA DISCIPLINA 73

O Que Eu Preciso Fazer

Identifique e delineie as forças que estão atuando na organização.

Classifique as forças em categorias de "ação" e "tensão", nas quais a categoria da ação contém forças que são relativamente irrestritas e que, portanto, promovem a ação; a categoria da tensão contém forças e fontes de tensão na organização, onde nenhuma ação está acontecendo no momento.

Desenvolva possíveis cenários de onde as ações poderão conduzir e como as tensões poderão ser aliviadas.

Identifique circunstâncias que poderão desencadear a mudança.

Use esse mapa do campo de força para reconhecer oportunidades que irão ajudar o seu cliente e para desenvolver uma estratégia destinada a aproveitá-las.

Resumo das Atividades

➥ Identifique as forças.
➥ Preveja as mudanças resultantes.
➥ Reconheça oportunidades para adicionar valor antes, durante ou depois das mudanças.

Segredo Nº 22
As Pessoas Estão Sempre em Movimento

As coisas não mudam; somos nós que mudamos.
— Henry David Thoreau

O Que Eu Preciso Saber

Um conceito interessante, quase paradoxal, é que as pessoas estão sempre em movimento. Ele contrasta com a ideia defendida por muitos psicólogos de que a personalidade das pessoas é formada no final da infância e não muda fundamentalmente depois dessa época. Você não consegue pensar em vários exemplos de pessoas na sua empresa ou na sua vida a respeito de quem você diria: "Jamais confiarei naquela pessoa", ou "Ela sempre será uma idiota" ou "Aquela pessoa tem realmente um bom coração"?

Quase todos aceitaríamos como verdade a afirmação de que, de algumas maneiras, as pessoas não mudam. Na realidade, essas características e tendências comportamentais dominantes representam uma ajuda inestimável na hora em que precisamos prever a reação das pessoas. Entretanto, você nunca deve pressupor que uma pessoa ou organização é estática. As pessoas não ficam paralisadas como estátuas imóveis. Elas estão sempre fazendo algum tipo de movimento. Estão sempre experimentando algum tipo de força. E estão sempre respondendo de alguma maneira. Por conseguinte, as pessoas certamente mudarão, embora algumas irão mudar mais do que outras. A questão não é "Será que a pessoa vai mudar?" e sim "Como será que ela vai mudar?"

Em *Forceful Selling*, apresentei o corolário da terceira Lei da Mudança como "As pessoas estão sempre em movimento porque estão sempre sob a influência de forças". As principais perguntas, portanto, são as seguintes:

- Onde a pessoa se encontra, neste momento, no espaço vital dela?
- Que forças ela está experimentando?
- Que passo ela dará no espaço vital dela?
- Quando ela dará o passo?

O Que Eu Preciso Fazer

O ponto de vista de que "as pessoas estão sempre *mudando*" atesta a importância da perseverança e da paciência. A terceira Lei da Mudança é "Onde quer que exista uma força, esta tenderá a estimular a locomoção para um espaço diferente". Desse modo, embora a pessoa possa não estar em posição de mudar, neste momento, se forças estiverem presentes, você pode ter certeza de que a pessoa acabará se levantando da cadeira e fazendo alguma coisa.

Procure entender que forças estão presentes. Em seguida, preveja quando a pessoa poderá entrar em ação. Monitore o cliente em busca de indícios de movimento, para garantir que você, e não o seu concorrente, será o profissional de vendas que estará presente quando o cliente entrar em ação.

Outro ponto de vista é que "as pessoas estão sempre em *movimento*". Essa afirmação conduz necessariamente à pergunta: "Para onde a pessoa está indo?" Procure entender a resposta e ajudar o cliente a chegar lá. É claro que, na condição de líder da mudança, você não deve aceitar respostas triviais como: "Estou resolvendo tal e tal problema". Você está fazendo a pergunta no contexto do espaço vital da pessoa. Que necessidade interior ela está perseguindo?

Resumo das Atividades

→ Lembre-se de que as tendências comportamentais são apenas uma das Quatro Forças.
→ Não parta do princípio de que as pessoas não mudarão — a pergunta é "Quando?" em vez de "Se?"
→ Procure entender para onde a pessoa está indo.

Segredo Nº 23
As Pessoas São Acionadas por Molas

O homem armazena as suas emoções e desejos como molas comprimidas, e depois espera a oportunidade de acioná-las.
— Brett Clay

O Que Eu Preciso Saber

O princípio que diz que um corpo precisa estar em movimento se uma força lhe for aplicada pressupõe que o corpo é rígido e que a força é totalmente transferida para o corpo. Uma característica interessante do comportamento humano é que as pessoas não são "corpos rígidos" no sentido da física, e sim mais parecidas com molas. Quando uma força é aplicada a uma mola, a energia desta última é armazenada como "energia potencial" antes de ser repentinamente liberada e convertida em movimento.

Raramente as pessoas reagem de uma maneira imediata e contínua a cada pequeno estímulo, como uma bola de futebol que salta ao redor do campo em resposta a cada chute. Na realidade, Lewin, Maslow, Jung, Freud e todos os outros psicólogos provavelmente chamariam esse comportamento de neurótico. Mais exatamente, as pessoas armazenam as forças que sentem como energia potencial e depois agem em quantidades finitas, o que é denominado movimento "descontínuo". Portanto, é complicado entender as pessoas porque elas são compostas por muitas molas de tamanhos diferentes. Descobrir o tamanho dessas "molas" e o que fará com que elas sejam acionadas pode ser um verdadeiro desafio.

Embora em muitos casos a mudança aconteça de uma maneira lenta e gradual, o processo da liderança da mudança é com frequência semelhante a disparar uma catapulta. É necessária muita energia para carregar a carga útil e comprimir a mola. Em seguida, um acionador é disparado e a mudança acontece de repente.

A PRIMEIRA DISCIPLINA 77

O Que Eu Preciso Fazer

Na condição de líder da mudança, procure entender:

- Que forças estão armazenadas na organização?
- Em que pessoas as forças estão armazenadas?
- Qual a potência dessas forças? Quanta energia está armazenada?
- O que acionará a liberação da energia para que ela entre em ação?

Assim que você entender onde estão as molas, delineie a sua estratégia para quais devem ser evitadas ("minas terrestres"), quais devem ser acionadas, e em que ordem devem sê-lo. Tome cuidado para não acionar prematuramente as molas pois frequentemente é mais eficaz organizar as pessoas para que empurrem uma única vez em uníssono. Pense em arrancar uma atadura com um único e rápido movimento. A mudança será concluída antes que as pessoas se deem conta e a dor percebida será bem menor.

Lembre-se de que a maior parte do esforço é exercido no carregamento e no alinhamento das diversas molas para que entrem em ação. Uma vez que o evento acionador tenha lugar, a mudança poderá acontecer rapidamente. Tome medidas para definir as expectativas pelo mesmo critério no meio da sua coalizão de mudança.

Resumo das Atividades

→ Esteja preparado para a possibilidade de que as pessoas ajam repentinamente.
→ Identifique questões e pessoas sensíveis que podem ter uma reação inesperada ("minas terrestres").
→ Procure fazer com que as molas sejam acionadas ao mesmo tempo.

Segredo Nº 24
É Impossível Satisfazer o Cliente

Pobre não é a pessoa que tem pouco, e sim a pessoa que se sente mais carente.
— Lucius Annaeus Seneca

O Que Eu Preciso Saber

O princípio que forma a base da Hierarquia das Necessidades de Maslow é que tão logo uma pessoa satisfaça uma necessidade em um dos níveis da hierarquia, ela imediatamente sentirá uma necessidade no nível seguinte. Esse princípio leva à conclusão de que as pessoas nunca podem estar satisfeitas, o que apresenta ao mesmo tempo oportunidades e desafios para o líder da mudança.

Todo profissional de vendas gostaria de ter clientes "pobres" que se sentem cada vez mais carentes, em vez de se satisfazer com muito pouco. A oportunidade é entregar mais quando o cliente inevitavelmente deseja mais.

O primeiro desafio é gerenciar cuidadosamente as expectativas atuais do cliente, o que resultará em um cliente feliz. Um dos princípios da gestão de qualidade é que qualidade significa atender a expectativas. Portanto, garanta que o seu cliente fique feliz com os resultados da atual iniciativa de mudança definindo cuidadosamente as expectativas e depois superando-as.

O outro desafio importante para o profissional de vendas é evoluir junto com as necessidades em expansão do cliente. Assim que você proporciona uma mudança para satisfazer uma determinada necessidade, o cliente imediatamente passa a ter outra "necessidade" além dela. Não há nada irracional ou errado com o fato de o cliente querer mais; isso se chama progresso. Mas para permanecer no jogo e continuar a satisfazer crescentes necessidades, você também terá que crescer.

A PRIMEIRA DISCIPLINA   79

O Que Eu Preciso Fazer

Identifique a "hierarquia de necessidades" da pessoa ou organização. Preveja o que será necessário depois que a primeira necessidade tenha sido satisfeita. Depois preveja o que será necessário depois da segunda, e assim por diante.

Desenvolva a capacidade de satisfazer as necessidades em expansão do cliente. Seja criativo. No mundo atual de equipes virtuais, forças de trabalho virtuais e empresas virtuais, você talvez possa fazer uma parceria com outras companhias ou subcontratar parte da entrega. Na realidade, quanto mais "estratégico" você se tornar como líder da mudança, mais você precisará subcontratar a implementação da mudança.

Quer você entregue pessoalmente o produto ou serviço, recorra a membros da equipe na sua empresa ou se valha de subcontratantes em outras companhias, você precisa gerenciar com cuidado as expectativas do cliente e garantir que o que você entregar irá exceder essas expectativas. A entrega é a tarefa número 1. Entregue resultados incríveis.

Por conseguinte, uma das mais importantes habilidades da liderança da mudança é o gerenciamento sistemático de projetos. Desenvolva continuamente essas habilidades.

Resumo das Atividades

- Identifique a Hierarquia das Necessidades do cliente.
- Desenvolva a capacidade de entregar os melhores resultados possíveis.
- Seja fanático a respeito do gerenciamento de projetos e da entrega perfeita.

Segredo Nº 25
A Observação é Diferente da Realidade

Busque a simplicidade e desconfie dela.
— Alfred North Whitehead

O Que Eu Preciso Saber

Outra complicação dos seres humanos é que o que você vê do lado de fora não é o que está do lado de dentro. Na maioria das vezes, quando observamos o "comportamento" de alguém, ou seja, as mudanças que a pessoa faz, podemos só conseguir observar a força que acionou a liberação da mola. Seria incorreto pressupor que essa é a única força que provocou o comportamento da pessoa. Muitas forças impulsionam as ações da pessoa, cuja soma é chamada de força "resultante" que aponta em uma direção específica de um espaço para outro (dentro do espaço vital da pessoa).

A força resultante é uma força "teórica" porque ela não existe realmente; somente as forças individuais efetivamente existem. A força resultante é essencialmente a mais fácil de observar porque podemos observar o movimento efetivo de um espaço para outro e podemos desenvolver algumas suposições a respeito da força que deve ter causado o movimento. É muito mais difícil decompor a força resultante nas forças "reais" a serem observadas e avaliadas individualmente.

O ponto fundamental é que você precisa ser cuidadoso ao fazer observações e tirar conclusões a respeito das pessoas. Na qualidade de profissional de vendas, você descobriu que promover a simplicidade geralmente ajuda as pessoas a tomar decisões e agir. No entanto, você será mais eficiente ao promover a concordância com a mudança se compreender os diferentes pontos de vista das pessoas e as forças que estão debaixo da superfície.

O Que Eu Preciso Fazer

Tome cuidado para não fazer suposições errôneas e permaneça sempre alerta, buscando as verdadeiras forças. O processo de decompor as forças é semelhante ao clichê de descascar uma cebola. Para cada força que achar que entende, faça a seguinte pergunta: "Que forças estão promovendo esta força?"

Quando alguém, especialmente se esse alguém for você, disser: "É simples", lembre-se de que as mentes simples veem as coisas de uma maneira simples. É bem verdade que todas as coisas são, em última análise, simples, mas não se iluda achando que você entende tudo completamente. Pergunte sempre a si mesmo: "O que há debaixo da superfície que eu não estou vendo?"

Seja um líder eficaz da mudança, descendo abaixo da superfície para lidar com questões subjacentes e descobrir maneiras adicionais de obter um acordo.

Resumo das Atividades

→ Lembre-se de que o que você vê do lado de fora talvez não seja o que existe do lado de dentro.
→ Cave debaixo da superfície para descobrir o que existe do lado de dentro.
→ Promova um acordo e a mudança sondando embaixo da superfície para lidar com preocupações e encontrar condições convenientes.

Segredo Nº 26
As Quatro Forças Estão Sempre Presentes

O que buscamos é a felicidade? Não, é a livre ação das forças que casualmente são as mais recentes em nós.
— André Gide (aos 80 anos de idade)

O Que Eu Preciso Saber

Outra maneira de formular esse segredo é dizer que qualquer mudança é causada por uma combinação das Quatro Forças. Enfatizei anteriormente que uma pessoa não pode ser separada do seu ambiente. Analogamente, uma pessoa não pode ser separada de si mesma ou das suas necessidades interiores, tendências comportamentais e estratégias cognitivas. Por conseguinte, qualquer mudança que seja efetuada (lembre-se de que Lewin usa os termos "mudança" e "comportamento" como sinônimos) precisa estar situada no contexto da totalidade das Quatro Forças.

Por que se preocupar com as Quatro Forças, se a pessoa só se importa com uma força em particular? Digamos que a organização deseje atender a uma nova exigência reguladora sobre o ambiente. Parece bastante simples. No entanto, as metas, os sistemas e a cultura da organização desempenham um papel na maneira como a organização reage a essa força ambiental. Na realidade, o ambiente também desempenha um papel, porque a organização poderia optar por mudar o ambiente e conduzir os seus negócios em uma jurisdição reguladora diferente.

Anteriormente, quando mencionei que a observação é diferente da realidade, discuti o conceito da força resultante — uma única força que representa a soma de todas as forças. O mesmo conceito é válido neste caso. Pense em todas as forças como tendo quatro dimensões.

O Que Eu Preciso Fazer

Sempre que você observar uma força particular, esforce-se para percebê-la no contexto das quatro dimensões:

- Necessidades interiores
- Tendências comportamentais
- Estratégias cognitivas
- Fatores ambientais

Quando você perceber uma mudança específica, pergunte: "De que maneira as Quatro Forças estão promovendo essa mudança?"

Agora que o seu "detector de força" está ligado e a antena levantada, habitue-se a procurar as quatro dimensões. Faça o seguinte exercício pelo menos uma vez por dia: escolha uma pessoa, alguém que faça parte da sua base de clientes ou uma pessoa aleatória em um lugar público, e tente imaginar as Quatro Forças que ela está experimentando nesse momento. Em seguida, comece a conversar com a pessoa para ver se você consegue confirmar os seus palpites; você poderá descobrir que estava completamente errado! Lembre-se de que o que você vê do lado de fora pode não ser o que existe do lado de dentro.

Resumo das Atividades

→ Perceba as mudanças e as forças específicas no contexto das quatro dimensões.
→ Confirme sempre a sua interpretação com o cliente.
→ Lembre-se de que a maneira como as pessoas percebem as forças que as cercam muda constantemente.

SEGREDO Nº 27
QUANTO MAIS INTENSA A FORÇA, MAIS INTENSO O MOVIMENTO

Somente as pessoas que se sentem impelidas por grandes forças alcançam coisas notáveis.
— Brett Clay

O Que Eu Preciso Saber

Um dos princípios básicos da física é que quanto mais intensa a força exercida sobre um corpo com uma determinada massa, maior será a sua aceleração. Analogamente, quanto maior a intensidade com que uma pessoa experimentar uma força, mais rápido ela reagirá a essa força e mais rápido efetuará a mudança.

A palavra-chave é "experimentar". As pessoas em geral experimentam forças nas seguintes fases ou níveis:

1. **Conscientização.** A pessoa precisa estar consciente e "atenta" ao fato de que a força existe. Se a mente da pessoa estiver ocupada com outra coisa, ela poderá nem mesmo se conscientizar da força.
2. **Avaliação.** A pessoa avalia o tamanho e a premência da força, e faz um juízo inicial a respeito da reação apropriada. A força merece uma reação imediata do tipo "lutar ou fugir" ou, na outra extremidade do espectro, ela não faz jus a nenhuma reação?
3. **Intelectualização.** A pessoa desenvolve um entendimento "intelectual", não emocional da força. Quando você lê a respeito de um desastre natural que destrói a casa das pessoas, por exemplo, você está intelectualizando o acontecimento.
4. **Interiorização.** A pessoa sente a força em um nível emocional e cognitivo profundo. É o momento da descoberta. É a plena compreensão que só pode ser alcançada quando efetivamente sobrevivemos ao desastre natural e vemos a nossa casa ser destruída.

O Que Eu Preciso Fazer

Em primeiro lugar, determine em que nível o cliente está experimentando a força. Em seguida, procure conduzi-lo ao longo da conscientização, avaliação e intelectualização por meio de perguntas. Por exemplo: "O que você pensa disso?" "Como isso o está afetando?"

Avalie o nível de interiorização da pessoa perguntando: "Como você *está se sentindo* a respeito disso?" A sua influência sobre a interiorização é limitada, de modo que você talvez precise aguardar com paciência. Como você pode, por exemplo, levar uma pessoa a interiorizar plenamente, digamos, a importância de fazer um seguro do carro sem que ela tenha estado envolvida em um acidente? Em muitos casos, você talvez até deseje utilizar a interiorização como uma maneira de classificar os possíveis clientes.

É claro que, na qualidade de líder da mudança, você deseja que o cliente experimente a força o mais intensamente possível. Seja criativo, porém ético, ao identificar maneiras de tornar o cliente mais consciente, ajudá-lo a realizar uma avaliação correta, desenvolver um completo entendimento e avaliar plenamente a magnitude da força.

Resumo das Atividades

- Identifique em que nível a força está sendo experimentada.
- Determine a intensidade percebida da força.
- Reforce a força.

Segredo Nº 28
Toda Força Tem Uma Igual Resistência

As pessoas se parecem mais com paredes do que com janelas; é difícil enxergar através delas, e quanto mais empurramos, mais resistência elas oferecem.
— Brett Clay

O Que Eu Preciso Saber

Um dos princípios básicos da física de Isaac Newton é o conceito de forças iguais e opostas. Neste momento, enquanto você está sentado na cadeira, você está exercendo sobre ela uma força para baixo, que equivale à sua massa vezes a gravidade da aceleração. A cadeira está exercendo sobre você uma força igual para cima. Este conceito da física tem implicações interessantes para o líder da mudança que estuda o campo de força de uma pessoa.

Isso significa que para cada necessidade de uma pessoa, digamos, a segurança, existe uma força igual opondo resistência a essa necessidade? Exatamente. A segunda lei de Lewin afirma que uma força resulta em movimento. Desse modo, se existe uma força (lembre-se de que, de acordo com Maslow, a força só pode existir se a necessidade não tiver sido satisfeita), mas não existe movimento, é preciso necessariamente que haja uma força igual opondo resistência ao movimento.

Isso introduz outro importante conceito descrito por Lewin: a tensão. Lewin diz que existe uma tensão entre essas forças propulsoras e as forças iguais contrárias, tensão essa que ele define como a soma das forças propulsoras e contrárias associadas a uma mudança específica. A tensão no assento da cadeira na qual você está sentado, por exemplo, equivale a duas vezes o seu peso.

Na condição de líder da mudança, uma das suas mais importantes tarefas é identificar as forças de resistência que estão mantendo a pessoa ou situação nesse estado de tensão. Cada uma dessas forças terá que ser removida ou superada para que a tensão seja reduzida e a mudança ocorra.

A PRIMEIRA DISCIPLINA   87

O Que Eu Preciso Fazer

Para cada força que você delineou no espaço vital do cliente, procure identificar uma força igual que esteja se opondo a ela e impedindo a mudança de ocorrer.

Às vezes, as forças repressoras podem ser sutis ou estar ocultas. Se você não conseguir encontrar uma força igual e oposta, então terá que perguntar: "Por que essa mudança ainda não aconteceu? Por que essa força existe? Por que ainda não foi satisfeita?" As respostas revelarão as forças de resistência.

Pense em várias maneiras pelas quais a força de resistência poderia ser reduzida ou eliminada.

As forças de resistência não raro assumem a forma de grandes obstáculos, especialmente quando envolvem um comportamento habitual como fumar ou comer. Nesses casos, pode parecer mais fácil aumentar as forças propulsoras em vez de reduzir as forças de resistência. Isso pode ser verdade, mas reduzir a resistência é sempre mais eficaz. Uma resistência menor requer menos força para ser superada, o que exige menos esforço para efetuar a mudança e menos esforço para sustentar a mudança (por exemplo, perder peso).

Resumo das Atividades

→ Identifique pelo menos uma força que se oponha a cada força propulsora.
→ Faça um *brainstorm* para determinar maneiras de reduzir ou eliminar as forças de resistência.
→ Desenvolva um plano para reduzir a resistência e ratifique-o com o cliente.

Segredo Nº 29
As Forças e as Mudanças São como Ventiladores

O bater de asas de uma borboleta no Brasil provoca um tornado no Texas?
— Edward Lorenz

O Que Eu Preciso Saber

Mencionei anteriormente que toda força tem uma força igual e oposta. Mas a coisa não para por aí. Toda força também induz uma sucessão de outras forças. Você se lembra de como a cadeira na qual você está sentado está fazendo força contra o peso do seu corpo? Se a cadeira está fazendo força para cima, de acordo com Newton, ela também precisa estar fazendo força para baixo. E de fato está. A cadeira está exercendo pressão para baixo no chão com a força da sua massa, acrescida da massa dela vezes a aceleração da gravidade.

Mas você diz: "Se a cadeira está exercendo pressão sobre o chão, então o chão precisa estar empurrando a cadeira". E de fato é o que acontece. Você pode ver como as forças continuam a se disseminar — até que alguma coisa bem distante consiga sentir a força original. O efeito cascata é como a força de um terremoto em uma parte do oceano pode provocar uma onda que chega do outro lado do mundo em questão de horas.

Uma vez que as forças e as mudanças são como lados opostos da mesma moeda, as mudanças têm o mesmo efeito. Uma mudança causa outra.

Não apenas as forças e as mudanças induzem uma cascata de outras forças e mudanças em uma direção, como também se propagam, como se espalhadas por um ventilador, em múltiplas direções, efetivamente se multiplicando. Tenha em mente que as forças de resistência se multiplicarão pelo mesmo critério.

O Que Eu Preciso Fazer

Avalie e elabore um mapa dessa disseminação seguindo os quatro passos seguintes:

Em primeiro lugar, identifique que outras forças estão sendo induzidas por cada força previamente identificada. Como elas se propagarão? Quem está sendo afetado e como?

Segundo, preveja que outras mudanças serão induzidas por uma determinada mudança. Pergunte novamente: "Quem será afetado e de que maneira?"

Em terceiro lugar, para cada uma dessas análises, identifique uma mudança para cada força e uma força para cada mudança.

Finalmente, identifique pelo menos uma força de resistência para cada força. Tente colocar o nome de pessoas e organizações em todas as forças e mudanças.

A meticulosidade dessa análise deverá depender do tamanho do pedido que está em jogo e a complexidade da iniciativa de mudança proposta. Por exemplo, se você é um integrador de sistemas de tecnologia da informação que está propondo alterar um processo empresarial que afetará dezenas de milhares de pessoas em uma empresa que faz parte da lista da Fortune 100, provavelmente o esperado é que você faça uma análise exaustiva.

Resumo das Atividades

→ Identifique como as forças estão se propagando na organização.
→ Preveja como as mudanças poderão se disseminar pela organização.
→ Identifique forças que resistirão às mudanças.

Segredo Nº 30
As Pessoas São Computadores Medíocres

Fico realmente impressionado quando penso no quanto a minha mente é fraca e propensa a cometer erros.
— René Descartes

O Que Eu Preciso Saber

Depois de descobrir como são a vida e os espaços de mudança da pessoa, você deverá ter um profundo entendimento do seu cliente e um modelo de todas as forças que estão influenciando a organização. Isso poderá ser um pouco desconcertante. Mas é exatamente isso que o cliente está enfrentando: um conjunto desconcertante de forças e opções.

Como mencionei anteriormente, todas essas forças no final se somarão e subtrairão até que reste essencialmente uma única força, a "força resultante" que representa o total.

Força Resultante = {*forças propulsoras*} + {*forças de resistência*}

Analogamente, todas as mudanças resultariam em uma mudança final, denominada "mudança resultante". Por exemplo, se você der dois passos para a direita, um para a frente, um para a esquerda e um para trás, a mudança final é um passo para a direita.

Mudança Resultante = $\sum$ *Mudanças*

As pessoas na organização são como computadores, pois estão constantemente calculando e recalculando as equações que determinam as forças finais que elas experimentam e como irão reagir.

No entanto, infelizmente, as pessoas não são computadores. Muitos especialistas em questões empresariais escreveram a respeito de como os seres humanos são ineficientes quando fazem esses cálculos. No esforço de simplificar estes últimos, elas fazem avaliações e suposições errôneas, e tiram conclusões erradas.

O Que Eu Preciso Fazer

Use o seu entendimento da vida e dos espaços de mudança do cliente para prever as mudanças que ele poderá querer fazer.

Como a capacidade de computação das pessoas não é perfeita, os cálculos delas geram diferentes resultados, mesmo quando usam os mesmos dados iniciais. Por conseguinte, desenvolva vários cenários para a maneira como elas poderão encarar o espaço vital e o espaço de mudança delas.

É claro que seria bem mais fácil simplesmente perguntar ao cliente quais são as concepções dele, e você deve fazer isso. No entanto, conseguir que um cliente revele partes da sua personalidade que ele próprio talvez não compreenda plenamente pode ser difícil. Além disso, de qualquer modo, a fim de entender completamente e prever os comportamentos do cliente, você precisa tentar entrar na mente dele.

Em último lugar, nunca parta do princípio que você pode prever comportamentos com 100% de precisão. As pessoas o surpreenderão quando você menos esperar. Portanto, esteja sempre preparado para contingências.

Resumo das Atividades

→ Lembre-se de que a maioria das pessoas tem dificuldade em "computar" as forças na vida delas.
→ Adicione valor ajudando o cliente a classificar as forças.
→ Use o seu entendimento para prever comportamentos e mudanças desejadas.

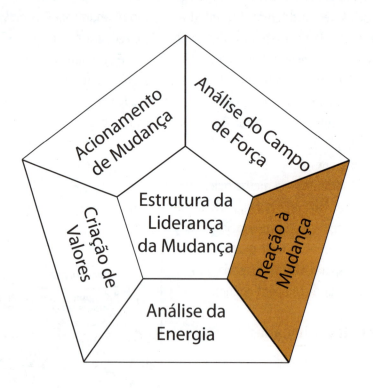

ANÁLISE DA REAÇÃO À MUDANÇA

A SEGUNDA DISCIPLINA

INTRODUÇÃO
À
ANÁLISE DA REAÇÃO
À MUDANÇA

➥ O que é?

A análise da reação à mudança é o processo de entender como um cliente reage às forças que sente.

Quantas vezes você não achou que era capaz de prever o comportamento de alguém e depois ficou completamente surpreso? A premissa subjacente da análise da reação à mudança é que duas pessoas não reagem da mesma maneira a forças idênticas. Por exemplo, podemos servir a duas pessoas a mesma comida preparada na mesma panela e elas terão reações muito diferentes (pelo menos é o que acontece na minha casa!). Portanto, entender o campo de força de uma pessoa é uma exigência necessária, porém não suficiente, para que se possa prever o comportamento dessa pessoa.

Esta seção também contém a descrição de distorções cognitivas comuns que influenciam as reações das pessoas à mudança. Os líderes da mudança eficazes reconhecem a influência dessas distorções e conduzem o cliente a decisões objetivas.

➥ Por que é importante?

Toda ação que as pessoas praticam é uma reação a alguma força que elas experimentam. Entender como as pessoas reagem é fundamental para ajudá-las a agir da maneira apropriada — e para você fechar a venda.

➥ De que maneira ela é nova ou diferente?

A venda tradicional centrada na solução se concentra em compreender o impacto dos problemas e os benefícios de resolvê-los. Essa abordagem posiciona o profissional de vendas simplesmente como um fornecedor de benefícios — como o vendedor que vende cachorro-quente em uma carrocinha.

A crença é que quanto mais alto o vendedor anuncia os benefícios, mais provável é que o consumidor entre em ação.

A mera identificação dos benefícios resultantes de uma mudança não é suficiente para estimular a ação. A venda centrada na mudança enfoca a psicologia que está na base da realização de uma mudança. Ao atuar como conselheiro e conduzir o cliente ao longo do processo de reconhecimento e mudança, em vez de atuar como um consultor de soluções e benefícios, o profissional de vendas centrado na mudança alcança o sucesso com mais frequência e gera muito mais valor.

→ **Quais são os conceitos errôneos mais comuns?**
Os profissionais de marketing e os gerentes de vendas tendem a encarar a venda centrada na solução como o apogeu da venda, usando o termo para fazer referência a qualquer esforço da parte de um profissional de vendas no sentido de entender o problema do cliente e descobrir os benefícios de resolvê-lo; em outras palavras, de criar uma proposta de valor. Sem dúvida parar por um tempo suficiente para desenvolver uma justificativa de compra terá mais êxito do que simplesmente cotar o preço, apresentar as condições de entrega e depois ficar esperando ao lado do aparelho de fax que o pedido chegue. No entanto, os gerentes de vendas que acreditam que a abordagem centrada na solução permanecerá competitiva vão ser pegos de surpresa pela Internet e pelos concorrentes internacionais. A Internet confere hoje aos clientes o poder de desenvolver as suas próprias soluções e justificativas. Somente ao atuar como conselheiros e conduzir os clientes ao longo do processo da mudança, os profissionais de vendas serão capazes de criar uma diferenciação lucrativa.

→ **Quais são os principais *take-aways* e como colocá-los em ação?**
Procure entender como os clientes reagem às forças que experimentam e como eles efetuam mudanças. Não comece a elaborar a justificativa de compra; na realidade, nem mesmo comece a definir uma solução enquanto não compreender como a organização está reagindo. Em seguida, ajude o cliente a fazer as mudanças apropriadas para atingir as metas dele. Os seus clientes ficarão contentes e as suas vendas subirão vertiginosamente.

Segredo Nº 31
Mude o seu Paradigma

A inovação e a mudança suplantam todos os problemas e soluções.
— Brett Clay

O Que Eu Preciso Saber

Na Seção 2, analisamos como um problema é apenas a ponta do *iceberg*, um sintoma superficial de tudo o que está acontecendo debaixo da superfície, um mero tijolo na estrada em direção às metas da pessoa. A venda centrada na mudança consiste em mudar o paradigma. Em vez de os profissionais de vendas perguntarem aos seus clientes: "Qual é o seu problema?", eles passam a perguntar: "O que você está mudando?"

É claro que as perguntas estão camufladas de diferentes maneiras. Por exemplo, você pode pedir ao cliente: "Fale a respeito dos seus concorrentes" ou perguntar a ele: "Quais são as principais questões que orientam os seus negócios hoje em dia?" No entanto, a principal pergunta que o líder da mudança busca entender é: "Como o cliente está reagindo?"

Assim que o líder da mudança entende como o cliente está reagindo às forças e às mudanças associadas, o líder da mudança pode entrar em sintonia com essas forças e aproveitá-las para ajudar o cliente a alcançar a mudança.

Tão logo você entende a venda centrada na mudança e a liderança da mudança, fica claro que essa é realmente uma profunda mudança de paradigma. A pergunta: "O que você está mudando?" é muito mais proativa, construtiva e progressista do que: "Que problema você está corrigindo?" Você não está apenas ajudando o cliente a evitar um fracasso iminente. Você o está ajudando a avançar e alcançar novas realizações.

O Que Eu Preciso Fazer

Altere o seu paradigma. Em vez de perguntar: "Qual é o problema?" ou "O que você precisa?", pergunte: "O que você está mudando?"

Prossiga, perguntando:

- Por quê?
- Como?

Em seguida, aborde as questões fundamentais:

- Que forças estão promovendo esta mudança? (Isso é mais agradável do que perguntar: "Que forças você está experimentando?")
- Como você está reagindo (a essas forças)?

A sua principal tarefa a partir desse ponto será entender como o cliente reage à mudança e ajudá-lo a alcançá-la.

Resumo das Atividades

➥ Pergunte: O que você está mudando?
➥ Descubra: O que está promovendo a mudança?
➥ Observe: Como o cliente está reagindo?

Segredo Nº 32
Procure Entender o Boneco Que Está Dentro da Caixinha de Surpresa

O senso prático dos cavalos é o que impede que eles apostem no que as pessoas apostam.
— Raymond Nash

O Que Eu Preciso Saber

No que diz respeito a você, eu não sei, mas as pessoas parecem pensar de tantas maneiras diferentes, que eu desisti completamente da prática de fazer suposições. Eu não "pressuponho" mais nada a respeito de ninguém. Quando vejo alguém fazendo uma determinada coisa uma vez, eu sei que essa pessoa é capaz de fazê-la novamente. Se eu a vejo fazendo a mesma coisa duas vezes, eu sei que é provável que ela venha a fazê-la novamente no futuro. No entanto, se as circunstâncias foram ligeiramente diferentes no futuro, a pessoa poderá fazer outra coisa.

O processo de caracterizar como uma pessoa se comporta na presença de condições diversas é semelhante à noção científica de caracterizar uma "caixa preta". A ideia da caixa preta é que ela é completamente opaca e, portanto, não temos a capacidade de enxergar o que há dentro dela. A única maneira de determinar o seu conteúdo é fazer inferências baseadas na maneira como ela reage a diferentes estímulos.

As pessoas também são caixas pretas. É impossível enxergar do lado de dentro da mente e da alma das pessoas. Na condição de líder da mudança, você só pode observar como as pessoas reagem na presença de condições variadas.

Quando uma pessoa se vê diante de uma nova força ou mudança, você gostaria de ter uma ideia de como ela vai reagir. A caixa preta vai se abrir de repente diante de você, como uma caixinha de surpresa, com uma reação intensa? Quem é o "boneco" que está dentro da caixa?

A SEGUNDA DISCIPLINA

O Que Eu Preciso Fazer

Determine as características do "boneco" que está dentro da caixa.

Procure sempre caracterizar as pessoas em função dos comportamentos e atitudes delas, em vez de por meio das palavras delas.

Conscientize-se das distorções comuns que poderão toldar as suas observações e conduzir a caracterizações incorretas.

Lembre-se de que o comportamento das pessoas é situacional. Da próxima vez, elas poderão não reagir da mesma maneira porque alguma coisa poderá ser levemente diferente. Portanto, observe cuidadosamente todas as variáveis na situação.

Toda interação é uma oportunidade de caracterizar a pessoa. Conscientize-se da situação e de como a pessoa reagiu.

Antes de cada interação, forme uma hipótese a respeito de como a pessoa irá reagir e ponha à prova a sua hipótese. Às vezes, você poderá ser capaz de simplesmente perguntar: "Se [uma determinada circunstância] acontecesse, o que você faria?"

Resumo das Atividades

- Avalie as pessoas em função das ações delas, e não das palavras.
- Observe como as situações são semelhantes, porém diferentes.
- As pessoas poderão nunca se comportar da maneira como você prevê, de modo que você deve sempre estar preparado para uma surpresa quando a caixinha de surpresa se abrir.

SEGREDO Nº 33
ENTENDA AS ESTRATÉGIAS DE ENFRENTAMENTO

> *Os problemas não são o problema;*
> *o enfrentamento é o problema.*
> — Virginia Satir

O Que Eu Preciso Saber

Para caracterizar a reação de uma pessoa à mudança, precisamos primeiro entender os princípios gerais de como as pessoas processam os estímulos, chamados de estratégias de "enfrentamento". Wayne Weiten e Margaret Lloyd apresentam três estratégias genéricas:

1. **Avaliação.** Tipicamente, as pessoas primeiro avaliam a força, ou situação, e formam uma opinião a respeito de se devem (a) negar a sua existência, (b) demorar a lidar com ela, (c) reduzir a sua importância ou (d) pôr mãos à obra e fazer alguma coisa a respeito dela.
2. **Dramatização.** Depois da avaliação, as pessoas normalmente tomam conhecimento das emoções. Com o tempo, elas precisam conceber uma solução para produzir uma melhora na situação. Nesse meio-tempo, podem desviar a atenção ou tentar destruir a força, o que piora a situação. As emoções das pessoas podem reforçar a elaboração de soluções ou reforçar comportamentos destrutivos e aqueles que desviam a atenção.
3. **Resolução de problemas.** Finalmente, tão logo as pessoas tenham feito uma dramatização construtiva e optado por agir, elas se dedicam à resolução de problemas fazendo o seguinte: (a) definindo o problema, (b) pesquisando soluções, (c) escolhendo uma linha de procedimento e (d) entrando em ação.

O Que Eu Preciso Fazer

Quando você estiver caracterizando a reação à mudança do cliente, observe primeiro como ele avalia a situação. É claro que você espera que o cliente ponha mãos à obra e aja de imediato. Entretanto, se a pessoa se entregar à negação, depreciar a importância da ação ou de alguma maneira retardá-la, você terá que ficar observando com paciência e, se possível, orientar gentilmente a pessoa até que ela reconheça a necessidade de agir.

Mantenha as suas expectativas baixas no que diz respeito à sua capacidade de influenciar a avaliação da pessoa. A maioria das pessoas considera as próprias avaliações muito pessoais e talvez até mesmo fiquem ofendidas com o que poderão considerar uma invasão da identidade pessoal delas.

Em seguida, repare se a pessoa dramatiza de uma maneira construtiva ou destrutiva. Se a pessoa estiver envolvida com a ação, você precisa entrar em ação e rapidamente levar valor para o processo de resolução de problemas. Se ela estiver distraída por emoções destrutivas, especialmente pela sensação de desamparo, talvez seja interessante você oferecer ajuda e estímulo para conduzir a pessoa para o modo de resolução de problemas. No entanto, é importante que você avalie com cuidado o quanto você deve participar do processo.

Resumo das Atividades

→ Observe como o cliente avalia, dramatiza e se dedica à resolução de problemas como reação a situações específicas.
→ Entre rapidamente em ação quando o cliente estiver disposto a agir.
→ Aguarde com paciência, ou talvez até mesmo recue, se a reação do cliente não for construtiva.

SEGREDO Nº 34
FIQUE LONGE DAS GALINHAS

Foi o caráter que nos tirou da cama, o empenho que nos levou a agir e a disciplina que possibilitou que fôssemos até o fim.
— Zig Ziglar

O Que Eu Preciso Saber

O modelo I dos Seis Tipos de Mudança que descrevi no livro *Forceful Selling* conceitua seis maneiras comuns pelas quais as pessoas se adaptam às forças que experimentam. O primeiro tipo de mudança é a "Galinha".

A Galinha é um dos dois tipos neuróticos de mudança. Essa pessoa não é capaz de se adaptar com êxito a nenhuma situação e simplesmente se mantém em constante mudança. Ela parece passar aleatoriamente de mudança para mudança, alheia a qualquer risco, e não faz nenhum progresso significativo em nenhuma das mudanças que tenta. A Galinha tem um intervalo de atenção curto, um nível elevado de ansiedade e é emocionalmente instável. Como a pessoa frequentemente muda antes de ter a oportunidade de aprender e se tornar competente, a sua autoconfiança é prejudicada e a sua necessidade propulsora é a estima. Como essa pessoa sempre efetua mudanças, ela

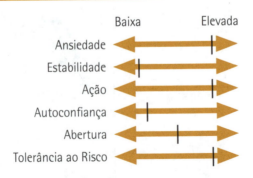

pode dar a impressão de estar aberta a fazer ajustes em ideias e atividades. No entanto, a pessoa na realidade reluta em se comprometer e nunca segue as coisas até o fim. Por conseguinte, a sua abertura é apenas superficial. A figura na página anterior mostra o perfil da Galinha.

O Que Eu Preciso Fazer

Na condição de profissional de vendas e líder da mudança, os seus recursos estarão esgotados antes que você consiga ajudar a Galinha a completar uma mudança. Portanto, você deve rapidamente se livrar de clientes que exibam as características do perfil da Galinha.

Você consegue pensar em pessoas na sua vida profissional ou pessoal que tenham uma ou mais dessas características? É fácil lidar com elas? Ou você procura evitá-las?

Faça um contínuo cálculo de retorno sobre o investimento para determinar se um investimento adicional será lucrativo. Se não for, interrompa as suas perdas e "parta para outra".

Resumo das Atividades

→ Use o modelo dos Seis Tipos de Mudança para caracterizar a reação das pessoas à mudança.
→ Livre-se das Galinhas.
→ Calcule continuamente o seu retorno sobre o investimento e conheça o *stop loss** do seu investimento.

---

* O máximo que o investidor está disposto a perder. (N. da T.)

Segredo Nº 35
Siga os Camaleões

Desfrutar o sucesso requer a capacidade de adaptação. Somente permanecendo aberto à mudança você terá uma verdadeira oportunidade de extrair o máximo do seu talento.
— Nolan Ryan

O Que Eu Preciso Saber

O segundo tipo de mudança é o "Camaleão".

O Camaleão é sempre um dos primeiros a adotar as mudanças. Ele tem uma elevada autoconfiança e se sente à vontade sozinho na frente do rebanho. Não é muito ansioso, e se sente naturalmente tranquilo com a mudança. Aprecia a investigação e a descoberta. Para ele as coisas parecem vir rapidamente e sem esforço. Possui um elevado nível de energia e é voltado para a ação. É pouco tolerante com pessoas inativas e que demoram a efetuar mudanças. Tem uma alta tolerância ao risco, mas ao contrário da Galinha, os seus riscos são calculados e controlados. Devido à sua elevada autoconfiança e à sua natureza voltada para a ação, se uma mudança resulta em fracasso, isso mal reduz o seu ímpeto; trata-se apenas de um ressalto na estrada. Dos seis tipos, o Camaleão é o que tem o nível de abertura mais elevado. Eles são verdadeiros líderes da mudança. No entanto, como poucas pessoas são tão versadas na mudança, o seu número é reduzido. A figura que se segue mostra o perfil do Camaleão.

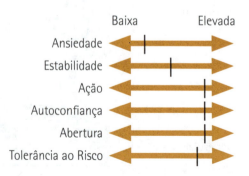

O Que Eu Preciso Fazer

Se você encontrar um Camaleão, siga-o, porque ele já terá descoberto o melhor caminho! Talvez seja interessante você pedir a essa pessoa que seja sua mentora ou *coach*.

Ouça com atenção e entre rapidamente em ação quando estiver ajudando os Camaleões com a mudança, porque eles não são pacientes com processos lentos.

Enfatize a novidade e a inovação da mudança que você estiver sugerindo. Além disso, concentre-se na visão do futuro, pois os Camaleões não estão interessados no passado ou em caminhos que já foram experimentados.

Encare os seus clientes do tipo Camaleão como precursores de tendências futuras. Eles podem não ser tremendamente lucrativos porque consistem de um mercado de uma única pessoa. No entanto, se você aplicar o que aprender com os Camaleões a outros clientes, poderá tornar acessíveis novas oportunidades altamente lucrativas.

Você consegue pensar em alguém na sua vida profissional ou pessoal que lembre bastante as características do Camaleão? Veja o que consegue aprender com essa pessoa.

Resumo das Atividades

➥ Use os Camaleões como indicadores de possíveis tendências futuras.
➥ Enfatize e apresente a inovação.
➥ Aprenda com os Camaleões e identifique novas oportunidades.

REVOLUÇÃO NAS VENDAS

Segredo Nº 36
Ajude os Gansos

Temos que nos adaptar e superar, isso é tudo o que podemos fazer.
— Frank Knight

O Que Eu Preciso Saber

O terceiro tipo de mudança é o "Ganso Canadense".

A mudança sempre fez parte da vida dos Gansos. Na realidade a vida deles no bando depende da mudança. Eles sabem que morrerão se o bando não for para o sul no inverno. São especialistas em mudança — efetuando mudanças regulares, amplas e estratégicas — deslocando o bando através do mundo em busca de melhores oportunidades. Entretanto, devido ao tamanho da organização (o bando), os Gansos precisam planejar estrategicamente a mudança. O seu nível de ansiedade é relativamente baixo, mas não é o mais baixo, porque eles vivem debaixo de uma nuvem constante de forças ambientais. Os Gansos também são emocionalmente estáveis e enfrentam as forças ambientais de uma maneira confiante e estratégica. Tendo em vista a magnitude das mudanças que eles empreendem e o tamanho da sua organização que precisa implementar as mudanças, é razoável supor que eles sejam os mais ativos. O Ganso pode parecer muito aberto à mudança, e embora isso seja em geral verdade, as mudanças que eles fazem e os riscos que correm são calculados, planejados e testados. A figura a seguir mostra o perfil do Ganso.

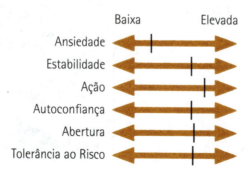

O Que Eu Preciso Fazer

Os Gansos podem representar as suas maiores oportunidades de receita e podem ser os seus "melhores" clientes. Contudo, eles podem precisar da maior quantidade de recursos e preparação.

O seu envolvimento com o Ganso deve ser metódico e altamente profissional.

Lembre-se de que os Gansos requerem um planejamento e confirmação significativos antes de adotar medidas que afetem a organização como um todo. Oitenta por cento do esforço deles pode ser usado no planejamento, com a execução consumindo apenas 20%. Procure estruturar o seu compromisso de maneira a não dar consultoria gratuita durante o planejamento. Lembre-se de que o Ganso considera o planejamento como sendo 80% do valor.

Reconheça que as pessoas podem temporariamente se comportar como Gansos ao implementar mudanças em grande escala nos seus negócios ou na sua vida. Adicione valor ajudando-as no planejamento. Isso reduzirá a ansiedade que naturalmente acompanha as grandes mudanças.

Resumo das Atividades

➥ Desenvolva um sólido conjunto de ferramentas de planejamento e técnicas que possam ajudar os seus clientes.
➥ Esteja preparado para um longo processo de vendas e tente receber uma remuneração ao longo do caminho.
➥ Mobilize ativamente os Gansos, pois eles podem formar a essência do seu negócio.

Segredo Nº 37
Conte com os Castores

> *A paciência, a persistência e a transpiração formam uma insuperável combinação para o sucesso.*
> — Napoleon Hill

O Que Eu Preciso Saber

O quarto tipo de mudança é o "Castor".

O Castor é o mais estável dos tipos de mudança. Ele fica perto de casa (ou seja, da situação atual) e efetua pequenas mudanças graduais. Percebe que a mudança em grande escala provoca o risco em grande escala, o que ele não considera necessário. Ao longo do tempo, as suas mudanças constantes e graduais poderão exercer um forte impacto. Por exemplo, a toca do castor fica muito grande, represa o curso d'água e forma um lago muitas vezes mais largo do que o curso d'água original. O Castor é extremamente ativo e tem uma enorme confiança na sua capacidade de efetuar as mudanças que definiu. No entanto, ele não tem a confiança necessária para explorar territórios inteiramente novos, e só abandonará a sua situação atual como último recurso. A tolerância ao risco do Castor é relativamente bem ajustada. Ele não procura o risco, mas tampouco o teme. A figura que se segue mostra o perfil do Castor.

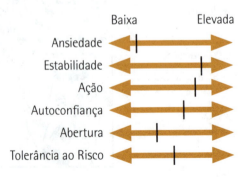

O Que Eu Preciso Fazer

Os Castores podem ser clientes altamente lucrativos, constantes e que retornam. Portanto, é interessante que você cultive e mantenha o relacionamento com eles.

Os Castores são extremamente ocupados, de modo que você terá que ser persistente para obter a atenção deles.

Seja criterioso, e proponha mudanças que caiam dentro dos limites da visão atual do Castor. Só sugira mudanças importantes caso uma reação a uma força ambiental específica seja justificada.

Os Castores têm uma visão de longo prazo, da qual eles se aproximam sistematicamente com o tempo. Quanto mais você puder ajudar o Castor com essa visão de longo prazo e participar dela, mais lucrativo ele será para você como cliente.

Sempre que possível, procure firmar contratos de longo prazo com os Castores. No entanto, tome medidas para não ficar preso a negócios estáticos que o impeçam de evoluir ao lado do mercado mais amplo.

Resumo das Atividades

- Torne os Castores clientes duradouros.
- Mantenha as propostas dentro da visão atual do Castor.
- Tome medidas cautelosas para evoluir mais rápido do que o seu cliente e não fique preso ao *status quo*.

Segredo Nº 38
Incentive as Mulas

Adapte-se ou morra, é o eterno e inexorável preceito da natureza.
— H. G. Wells

O Que Eu Preciso Saber

O quinto tipo de mudança é a "Mula".

A Mula reluta em mudar. Ela pode ser levemente mais ansiosa do que o Camaleão, mas à semelhança deste último, a Mula não é movida pela ansiedade. Ao contrário do Camaleão, contudo, ela se sente naturalmente pouco à vontade com a mudança. Ela dá valor à coerência, à familiaridade e à segurança, e tem uma abertura relativamente pequena. Ela não carece necessariamente de autoestima, mas não tem a coragem necessária para ser ousada e explorar o desconhecido. Para a Mula, o desconhecido parece misterioso, de modo que ela prefere recorrer a terceiros e esperar que eles relatem as suas constatações. Embora a Mula possa exibir um nível elevado de atividade, as suas atividades são rigidamente limitadas, e ela não é considerada voltada para a ação quando comparada com o Camaleão, o Ganso e o Castor. A Mula tem uma baixa tolerância ao risco, e, caso perceba a mudança como uma ameaça à sua segurança, poderá resistir veementemente a essa mudança. A figura que se segue mostra o perfil da Mula.

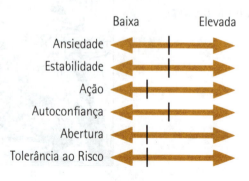

O Que Eu Preciso Fazer

Embora as Mulas relutem em mudar, elas não se recusam a fazê-lo. A sua reação à mudança está limitada exclusivamente às forças mais poderosas. As Mulas lidam com as forças mais fracas por meio da negação ou da depreciação. Isso o deixa com duas escolhas:

1. Sugerir apenas as menores mudanças possíveis para as Mulas.
2. Sugerir mudanças que só reajam às forças mais poderosas.

O seu sucesso ao tentar vender uma mudança situada entre esses dois extremos será, na melhor das hipóteses, limitado. Por conseguinte, a sua primeira tarefa é qualificar a Mula e desobrigar-se do compromisso caso a Mula perceba o seu produto ou serviço como estando em uma posição intermediária.

A sua principal missão é ajudar a Mula a se sentir à vontade com o processo da mudança. Faça isso aumentando a familiaridade dela o máximo possível, usando demonstrações, referências, documentos de marketing, vídeos e assim por diante. Além disso, enfatize os aspectos desagradáveis do *status quo* e os benefícios da mudança, recorrendo ao maior número possível de recursos visuais.

Resumo das Atividades

➥ Mobilize as Mulas apenas com mudanças muito pequenas ou mudanças que tratem das forças mais poderosas que elas percebem.
➥ Desobrigue-se do compromisso se você perceber que está lidando com uma força de tamanho médio.
➥ Concentre-se em aumentar o nível de satisfação da Mula.

SEGREDO Nº 39

FIQUE LONGE DAS TARTARUGAS

Não raro precisamos de mais coragem para mudar de opinião do que para mantê-la.
— George Christoph Lichtenberg

O Que Eu Preciso Saber

O sexto tipo de mudança é a "Tartaruga".

A Tartaruga é o outro tipo de mudança neurótico. A Tartaruga é atormentada pela ansiedade, perdendo talvez apenas para a Galinha. Enquanto a Galinha lida com a ansiedade ocupando-se de atividades, o mecanismo de enfrentamento da Tartaruga é recolher-se na carapaça, isolar-se da realidade do mundo e formar a sua própria realidade dentro da sua carapaça. Ela tem a mentalidade tacanha, resiste ferozmente à mudança e se recusa a reconhecer as mudanças que estão ocorrendo à sua volta. Devido ao intenso efeito dos seus mecanismos de enfrentamento, a Tartaruga pode dar a impressão de ser ligeiramente mais estável do que a Galinha. No entanto, a Tartaruga carece da confiança necessária para reconhecer a realidade, que dirá para se aventurar em território desconhecido. Dos tipos de mudança, a Tartaruga também é o menos voltado para a ação, o que apresenta a menor tolerância ao risco, e o que demonstra menos segurança e abertura. A figura a seguir mostra o perfil da Tartaruga.

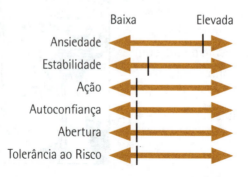

O Que Eu Preciso Fazer

Os seus recursos estarão esgotados antes que você consiga ajudar a Tartaruga a efetuar mudanças. Como diz o ditado: "Você pode conduzir um cavalo à água, mas não pode obrigá-lo a beber".

É realmente uma experiência triste e frustrante observar uma Tartaruga recolher-se à sua carapaça e deixar de aproveitar oportunidades claramente excelentes.

No entanto, você tem responsabilidades para com a sua empresa, para consigo mesmo e para com a sua família. Essas responsabilidades não permitem que você gaste recursos que não geram nenhum retorno. Na realidade, você poderá ter um retorno negativo caso a Tartaruga fique irritada com você se achar que você está "atacando" o *status quo* dela. Somente a Tartaruga precisa assumir a responsabilidade pela sua reação à mudança.

Por conseguinte, faça um favor a todo mundo e desobrigue-se do compromisso com a Tartaruga o mais rápido possível.

Resumo das Atividades

➡ Identifique o mais rápido possível as Tartarugas e desobrigue-se do compromisso com elas.
➡ Não tente mobilizar a Tartaruga se ela ficar irritada e tentar defender o *status quo* dela.
➡ Afaste-se gradualmente de quaisquer clientes que você ainda possa ter que o estejam impedindo de desenvolver o seu negócio.

SEGREDO Nº 40
FAÇA UMA VERIFICAÇÃO DA REALIDADE

A realidade nada mais é do que um palpite coletivo.
— Lily Tomlin

O Que Eu Preciso Saber

Ao caracterizar a reação à mudança de uma pessoa, o líder da mudança precisa estar consciente de diferentes concepções da realidade. Quando Lewin descreveu os seus conceitos de forças e espaço vital, ele estipulou que eles dependem da percepção das pessoas, que ele chamou de "estrutura cognitiva".

Quando introduzi o conceito da análise à reação à mudança, mencionei que as pessoas reagem de maneiras muito diferentes às mesmas forças. Pode haver inúmeras razões pelas quais as pessoas têm reações diferentes. Elas podem ter necessidades, níveis de extroversão, abertura ou tolerância ao risco diferentes; a lista continua.

Mas outra razão merece ser adicionalmente examinada. As pessoas podem responder de uma maneira diferente às mesmas forças porque na realidade não enxergam as mesmas forças. Uma pessoa vê uma força, outra vê uma força diferente e uma terceira percebe as forças como idênticas. Por exemplo, a figura na página ao lado mostra um trem em movimento. O trem está vindo ou indo? Na verdade, ele está em movimento? Talvez seja interessante fazer as perguntas a várias pessoas e verificar como elas respondem.

Uma das maneiras pelas quais as pessoas involuntariamente criam a sua própria realidade é por meio de heurísticas e de distorções cognitivas. Uma heurística é uma "regra prática" ou padrão que as pessoas criam para reagir rapidamente a situações semelhantes. Uma distorção cognitiva é a tendência de pensar de uma determinada maneira. As pessoas adotam diferentes heurísticas e distorções cognitivas como atalhos para evitar uma análise mais difícil e entrar em ação mais rápido. Quando fazem isso, elas criam realidades diferentes para si mesmas.

O Que Eu Preciso Fazer

Tenha consciência das diferentes visões da realidade das pessoas.

Resolva o que é mais eficaz: (a) ajudar o cliente dentro da realidade que ele criou ou (b) ajudar o cliente a enxergar uma visão diferente. Cada situação é diferente. Às vezes, você será capaz de trabalhar facilmente dentro da estrutura mental do cliente. Em outras situações, a sua única escolha será mostrar ao cliente evidências de outra realidade.

Fique atento ao possível fato de o seu cliente depender de distorções e heurísticas que poderão prejudicar as opiniões dele. Não raro, tão logo a pessoa percebe que usou uma suposição inválida, ela reformula as suas conclusões.

Por mais irracionais que as realidades de uma pessoa possam parecer para você, elas são muito reais para ela. Imagine-se na situação da pessoa e tente ver o que ela vê. Se você fosse essa pessoa nessa situação, o que você faria? Lembre-se de que a pergunta não é o que *você* faria nessa situação!

Resumo das Atividades

- Parta sempre do pressuposto que as pessoas veem a mesma coisa de uma maneira diferente.
- Procure entender a lógica empregada para chegar às conclusões, independentemente da racionalidade dela.
- Coloque-se no lugar da outra pessoa e procure ver o que ela está vendo.

SEGREDO Nº 41
NÃO ILUDA A SI MESMO

Um objetivo sem um plano é apenas um desejo.
— Antoine de Saint-Exupéry

O Que Eu Preciso Saber

A distorção cognitiva denominada "autoilusão" é a tendência de levar em conta apenas as informações que reforçam os conceitos que você deseja e rejeitar as informações que os contestam. Fico perplexo com o número enorme de pessoas e executivos brilhantes que escolhem os desejos em detrimento da realidade — com enorme prejuízo para eles.

Talvez o exemplo mais claro seja o de Quentin Thomas Wiles, um investidor de capital de risco bem-sucedido que investiu 20 milhões de dólares em uma empresa chamada Miniscribe em 1985. O sr. Wiles, uma pessoa confiante, do tipo que não aceita não como resposta, assumiu pessoalmente o controle da Miniscribe em meados de 1985. Ele desejava sinceramente expandir a empresa e levá-la a perceber uma receita de um bilhão de dólares, apesar do período de retração econômica na indústria como um todo e do fato de ele ter perdido os seus principais clientes: a IBM, a Apple e a Digital Equipment Corp. O sr. Wiles recusava qualquer informação que contrariasse o seu desejo de um bilhão de dólares e demitia executivos que lhe apresentassem dados que não fossem positivos. Ele se tornou tão temido que os funcionários passaram a enviar tijolos (a empresa na realidade fabricava unidades de disco) para clientes fictícios em vez de dizer ao sr. Wiles que a empresa não estava, nem de longe, no caminho de perceber um bilhão de dólares.

Quais foram as consequências da autoilusão do sr. Wiles?

- A empresa (e muitos dos seus fornecedores) pediram falência.
- Mais de 5.700 pessoas perderam o emprego.

- O sr. Wiles foi condenado a três anos de prisão.
- A carreira do sr. Wiles terminou e ele ficou desacreditado.

O Que Eu Preciso Fazer

Na condição de líder da mudança, você não pode se dar ao luxo de desejar que as coisas sejam verdadeiras. Reúna o máximo de informações objetivas e apresente uma análise objetiva ao cliente. Tenha cuidado com o cliente que:

- Subestima os custos ou riscos.
- Superestima os benefícios e as chances de sucesso.

As expectativas corretas não são apenas extremamente benéficas para o cliente; elas são do seu mais alto interesse.

Em segundo lugar, certifique-se de que as pessoas na sua equipe responsável pela entrega de resultados não estejam apenas desejando que as coisas aconteçam. Promova na sua equipe uma cultura confiante, voltada para a solução de problemas, e enfrente os problemas com rapidez e eficiência.

Acima de tudo, não se dê ao luxo de desejar qualquer coisa. Faça isso permanecendo emocionalmente desligado da situação e não se deixando enredar nas informações dos resultados. Uma energia elevada e excelência na execução difere do apego emocional.

Resumo das Atividades

→ Fique atento à autoilusão.
→ Substitua a autoilusão pela resolução de problemas e pela ação.
→ Evite os perigos relacionados com aqueles que alimentam a autoilusão, desobrigando-se do compromisso com eles.

Segredo Nº 42
Vença Por Meio da Mera Exposição

*Assim como a natureza abomina o vazio, os seres humanos resistem à mudança.
A mudança terá lugar; o vazio será preenchido.*
— Nikki Giovanni

O Que Eu Preciso Saber

As pessoas têm uma incrível preferência por coisas e situações com as quais estão familiarizadas. Na verdade, elas preferem sofrer por causa de algo que conhecem do que mudar para uma coisa diferente.

Exemplos dessa distorção cognitiva, denominada "mera exposição", são inumeráveis. Um deles, que não sai da minha cabeça, é a preferência do meu pai pelos Lincoln Town Cars.* Em um momento da sua vida, ele considerava o Lincoln Town Car o suprassumo dos carros. Desse modo, ele dirige Lincoln Town Cars há quatro décadas. Neste momento, ele tem dois na garagem. A vida inteira, ouvi a minha mãe se queixar das estradas escorregadias do Colorado. Acho que sempre achei que ela era medrosa porque a neve nunca me retardou. A verdadeira situação finalmente ficou clara para mim recentemente quando fiquei preso em uma tempestade de gelo quando dirigia um carro parecido com o Lincoln Town Car. A sensação era a de estar em um ringue de patinação no gelo sem patins. O meu carro era inútil. Tive que pedir à minha mulher que fosse me buscar no nosso veículo com tração nas quatro rodas. Foi então que me dei conta de que os meus pais não estavam dirigindo no conforto dos Lincoln Town Cars; eles estavam dirigindo no medo que resulta do fato de estarem em um ringue de patinação no gelo com os patins errados. Eu disse aos meus pais que eles poderiam ter uma nova sensação de liberdade se trocassem pelo menos um dos Town Cars por qualquer outro em uma lista de centenas de carros que eram capazes de ter um desempenho

---

* O **Town Car** é um sedan de luxo de porte grande da Lincoln, vendido pela Ford Motor Company.

melhor na neve. No entanto, a resposta deles foi a seguinte: "Oh, não. Estamos acostumados com estes. De qualquer modo, não precisamos ir a lugar nenhum. Vamos ficar em casa mesmo".

Em quantos exemplos semelhantes você consegue pensar?

O Que Eu Preciso Fazer

Já que você sabe que o seu cliente tem uma preferência pelo que é familiar, você precisa expô-lo às mudanças propostas até que ele se sinta familiarizado com elas.

Insira uma seção no seu plano de contas chamado "Táticas de familiaridade" e faça um *brainstorm* com a sua equipe a respeito de todas as maneiras pelas quais você pode aprimorar a familiaridade para os vários *stakeholders*.

As agências de publicidade usam o fenômeno da mera exposição em seu benefício, repetindo, sem parar, a sua mensagem. Isso não apenas ajuda as pessoas a se lembrar do produto ou da marca, como também estabelece um nível de familiaridade quase subconsciente.

Se uma pessoa tiver demonstrado uma clara preferência pela "familiaridade", introduza gradualmente novas ideias e "semeie" delicadamente o modo de pensar dela. Em seguida, apresente múltiplas vezes a mesma ideia, tomando cuidado, todas as vezes, para não exercer pressão, dizendo, por exemplo: "Você já refletiu sobre [a ideia]?"

Resumo das Atividades

- Tenha consciência de que as pessoas poderão preferir o que é familiar ao que é melhor.
- Desenvolva táticas específicas para transformar o "desconhecido" em "familiar".
- Em vez de usar pressão, recorra à repetição para semear ideias para a mudança.

Segredo Nº 43
Tome Cuidado com o Falso Consenso

Em grande medida, a realidade é o que quer que as pessoas que estão presentes na ocasião aceitam.
— Milton H. Miller

O Que Eu Preciso Saber

O "falso consenso" é a tendência de pressupor que outras pessoas compartilham as mesmas opiniões. Talvez você suponha que elas compartilham a sua opinião. Ou talvez você parta do princípio que elas compartilham as opiniões umas das outras. Em ambos os casos, o perigo é que você segue por um caminho e, de repente, se dá conta de que está sozinho.

Um cenário mais provável é que quando o processo de formar uma coalizão de apoio à proposta da mudança já estiver bem adiantado, você se dê conta de que há divergência entre os membros da coalizão no que diz respeito às premissas básicas da mudança. Os equívocos resultantes poderão resultar em uma reformulação, redução da credibilidade e prejuízo dos relacionamentos. Em última análise, a coalizão poderá se desintegrar, talvez até mesmo com ressentimento.

Lembro-me claramente de uma empresa, cliente nossa, na qual um dos membros da coalizão tinha opiniões fortes com as quais o resto dos membros não concordava. Em todas as reuniões semanais, ele fazia declarações como: "Acho que todos concordamos [com a sua opinião]". A coalizão não se desintegrou, mas tampouco chegou realmente a decolar, porque a cada semana os membros tinham que discutir as mesmas questões.

O Que Eu Preciso Fazer

Utilize técnicas do processo de "ouvir ativamente" para reafirmar o seu entendimento do ponto de vista de cada *stakeholder* nas suas próprias palavras. Faça isso para cada um deles e, sempre que possível, faça-o por escrito.

Os documentos são as ferramentas mais importantes do líder da mudança. Ver as coisas de uma maneira inequívoca ajuda a promover objetividade e compromisso. Apresente todas as coisas de uma forma inequívoca e repasse-as com o cliente, começando com a primeira conversa.

Cada organização desenvolve os seus próprios documentos exclusivos que usa para se comunicar e tomar decisões. Adapte-se às práticas da organização e use a estrutura dela, mas desenvolva também os seus próprios modelos para demonstrar a sua experiência e *know-how*.

Certifique-se de que está fornecendo mecanismos e tempo para que os *stakeholders* forneçam *feedback* ao longo do caminho. Nem sempre parta do princípio de que o silêncio indica concordância. Procure obter metodicamente *feedback* ou consentimento de todos, até mesmo da pessoa mais quieta que esteja em silêncio no canto. A opinião de todo mundo é importante – e qualquer pessoa pode frustrar um consenso.

Resumo das Atividades

➥ Verifique a opinião das pessoas dizendo: "O que eu ouvi foi..."
➥ Apresente as coisas de uma maneira inequívoca para que as pessoas possam examiná-las e chegar a um acordo.
➥ Procure incluir todo mundo no consenso.

Segredo Nº 44
Tome Cuidado com o Lugar Onde Você Atira a sua Âncora

Para chegar a um porto, precisamos navegar, às vezes a favor do vento, e às vezes contra ele. Mas não devemos ficar à deriva ou ancorados.
— Oliver Wendell Holmes

O Que Eu Preciso Saber

"Ancoragem" é a tendência cognitiva por meio da qual as pessoas ficam excessivamente influenciadas por um ponto de dados inicial, quer no passado, quer no presente.

A armadilha potencial para o seu cliente é que ele pode limitar a si mesmo e perder oportunidades. Por exemplo, se você experimenta um novo restaurante e tem uma má experiência, poderá jurar que nunca mais colocará os pés nele. Mas e se dois meses depois o mau gerente tiver ido embora e o local tiver um novo gerente extremamente competente? Você estará perdendo a oportunidade de ter uma ótima experiência porque ficou ancorado no ponto de dados inicial. Por sorte, embora as pessoas com frequência sejam preguiçosas demais para perseguir mais de um ponto de dados, elas geralmente se mostrarão dispostas a levar em consideração novos dados se você os fornecer.

Você pode cair na mesma armadilha se for um profissional de vendas. Talvez você chegue à conclusão de que um cliente é incapaz de efetuar certas mudanças ou não está disposto a fazê-las. Você elimina então esse cliente da sua lista e nunca mais volta a procurá-lo. Mas o que acontece se, dois meses depois, essa pessoa vai embora e um novo gerente assume o lugar dela? A oportunidade vai para o seu concorrente.

Outra armadilha é a determinação das expectativas iniciais do cliente. Se você for tímido na avaliação dos seus custos iniciais, o cliente ficará ancorado nesse valor, e talvez seja quase impossível para você aumentar o custo quando inevitavelmente se der conta de que o custo efetivo é muito mais elevado.

O Que Eu Preciso Fazer

Uma prática comum entre os profissionais de vendas é seduzir o cliente com um preço inicial baixo e depois, mais tarde, aumentar muito o preço. A ética dessa prática é discutível. No entanto, por mais que eu deteste admiti-lo, ela comprovadamente funciona. Em *Forceful Selling*, falei a respeito do pintor que contratei para pintar a minha casa que inicialmente me cobrou 35 dólares por hora e depois começou a me apresentar faturas de muitos milhares de dólares. Ele não fez nada antiético — as horas simplesmente se acumulam rapidamente. (A propósito, escrevi dois livros depois que ele começou — e ele ainda está lá! Afinal de contas, ele está recebendo por hora.)

Às vezes, talvez seja interessante você pensar na possibilidade de fazer a sua proposta duas ou três vezes maior do que a sua avaliação inicial indicaria; lembre-se apenas de justificá-la com dados objetivos. Isso tem o efeito de ancorar as expectativas do cliente em um preço muito mais elevado, fazendo com que o preço final pareça relativamente baixo e realizável. Essa tática é uma prática corrente entre os advogados que lidam com ações cíveis que cobram inicialmente dezenas de milhões de dólares em danos, na esperança de influenciar o júri e conseguir uma sentença com um valor mais elevado no final.

Resumo das Atividades

→ Fique atento aos riscos e oportunidades criados pela ancoragem.
→ Use a ancoragem como uma ferramenta.
→ Não pague o seu pintor por hora!

Segredo Nº 45
As Maratonas São Aeróbicas

Preencha o minuto implacável com sessenta segundos de corrida de distância.
— Rudyard Kipling

O Que Eu Preciso Saber

Existe uma distorção chamada "distorção da sustentabilidade", por meio da qual a pessoa passa a acreditar que um desempenho extremo pode ser sustentado, em vez de retornar ao nível normal, sustentável.

Os gerentes são especialmente suscetíveis de pedir às pessoas que façam um esforço extraordinário e depois esperar que elas o mantenham indefinidamente. O resultado é uma exaustão prematura de recursos, normalmente conhecida como "esgotamento". O perigo para o gerente é se comprometer com uma programação que não possa ser cumprida sem um esforço sustentado extraordinário. O gerente vai ficando cada vez mais para trás nos seus compromissos e continua a exigir níveis cada vez mais elevados de esforço extraordinário. No final, o gerente pode deixar de cumprir os seus compromissos e perder a responsabilidade pelo projeto (podendo até mesmo ser preso). Eu poderia mencionar muitos nomes que estiveram recentemente nos noticiários, mas vou apenas lembrá-lo de Q. T. Wiles do Miniscribe.

Este não é um fenômeno exclusivo de Wall Street. Você e o seu cliente também são suscetíveis a ele. Você já teve algum cliente que esperava que você saltasse através de bambolês flamejantes? Já trabalhou como um louco para cumprir as suas metas de receita apenas para ter uma meta ainda mais elevada na vez seguinte? Ou quem sabe você não pediu à sua equipe que trabalhasse excessivamente para cumprir compromissos que você assumiu com o cliente?

Você e os seus clientes estão participando de uma maratona. Os corredores de maratonas queimam regularmente um suprimento de oxigênio e energia; é um esporte aeróbico. A corrida de curta distância, ou de velocidade, é anaeróbica. Os corredores de velocidade não usam oxigênio, mas param depois que correm cem metros.

O Que Eu Preciso Fazer

Tome medidas para sempre prometer menos do que você acha possível realizar e entregar resultados acima do esperado.

Uma das definições de qualidade é "satisfazer as expectativas do cliente". Portanto, para apresentar qualidade, você precisa se esforçar para definir expectativas que você possa superar.

Evite o erro comum de não incluir margens para o risco. Os empreiteiros experientes conhecem o custo do risco. O meu pintor se recusa a trabalhar por tarefa; ele prefere que eu pague o material mediante a apresentação das notas fiscais e receber a mão de obra por hora. Ele diz: "Se eu der um preço pelo trabalho, vou ter que incluir um valor elevado para o risco e o senhor não vai gostar do meu orçamento". A verdade é que ele não está disposto a dividir nenhum risco. Você não terá clientes felizes se pedir a eles que assumam todo o risco. Por outro lado, você não terá nenhum lucro se assumir todo o risco.

Lembre-se de que está participando de uma maratona. Trabalhe arduamente, mas não espere que você mesmo ou outras pessoas pratiquem "ações fora do normal".

Em vez de contar com um esforço extraordinário, recorra a um planejamento e disciplina extraordinários; eles tornam a execução extraordinária.

Resumo das Atividades

→ Tome cuidado com expectativas insustentáveis.
→ Prometa com moderação e supere as expectativas.
→ O risco é real; não deixe de levá-lo em conta.

Segredo Nº 46
Não se Deixe Iludir Pelas Ilusões

A vida não consiste em ter boas cartas na mão, e sim em jogar bem com as que se tem.
— Josh Billings

O Que Eu Preciso Saber

A distorção da ilusão do controle é a tendência de superestimar a nossa capacidade de controlar os resultados e os fatores que os influenciam, como o comportamento das outras pessoas.

Uma armadilha potencial tem lugar quando uma pessoa age baseada em certas suposições relacionadas com o comportamento de outras pessoas ou outros acontecimentos. Isso se chama "adotar uma dependência". Em outras palavras, o resultado da pessoa depende da ação de outras. Se os outros eventos não ocorrerem, ou se as outras pessoas deixarem de agir como antevisto, a pessoa poderá experimentar um "resultado menos do que ótimo", (ou seja, falhar terrivelmente).

Embora possa parecer óbvio que não podemos controlar as outras pessoas, perdemos isso de vista todos os dias. Na realidade, existem termos que incentivam a ilusão do controle. Em vendas, por exemplo, existe o termo "controle de conta". E na advocacia, há o termo "controle do cliente". Os gerentes de vendas e os juízes usam esses termos, respectivamente, para se referir à capacidade do profissional de vendas e do advogado de dirigir o comportamento do cliente.

Os clientes também podem ser iludidos por ilusões de controle. Quantas vezes você já ouviu o ditado: "Tenho tudo sob controle?" Os clientes podem acreditar erroneamente que uma mudança é necessária porque tudo está "sob controle". De modo inverso, eles podem superestimar a sua influência sobre os recursos e tentar promover uma mudança grande demais para ser alcançada com a quantidade total de recursos empenhados.

O Que Eu Preciso Fazer

Tome ciência da concepção de controle do seu cliente. Procure sempre confirmar as suposições dele com outras pessoas. As outras pessoas apontam para ele e dizem: "Você precisa falar com ele. É ele quem manda!"? Ou quando você pergunta quem é o responsável, elas respondem: "Bem, isso é um pouco complicado. Várias organizações estão envolvidas"?

Seja bastante meticuloso ao identificar, esclarecer e documentar as dependências. Assuma o ponto de vista de um gerente de projeto e identifique os responsáveis e as datas de conclusão para todas as dependências. Não deixe de sugerir contingências e planos de atenuação de riscos para cada uma delas.

Lembre-se de que a disciplina da análise da reação à mudança diz respeito à caracterização dos comportamentos do cliente. Desse modo, ponha regularmente à prova as suposições e comportamentos do cliente. Ele toma a palavra nas reuniões e assume o controle? Ou logo recua quando é desafiado? Se ele lhe diz que alguma coisa vai acontecer ou que alguém vai fazer o que ele pediu, é isso realmente o que ocorre?

Finalmente, não se iluda. Você não pode controlar o cliente. No entanto, você pode caracterizá-lo.

Resumo das Atividades

→ Confirme todas as alegações de controle e influência.
→ Identifique todas as dependências e todas as suas atenuações.
→ Caracterize o comportamento do cliente sob várias condições.

Segredo Nº 47
Duplique a sua Estimativa Mais Elevada

Os projetos são como exércitos; nunca se aproxime deles sem ter duas vezes os recursos.
— Brett Clay

O Que Eu Preciso Saber

A falácia do planejamento é a tendência de subestimar significativamente o número de recursos necessários para concluir uma tarefa. Estudos demonstram que até mesmo estimativas de especialistas, que utilizam a análise "de baixo para cima" de estruturas de desmembramento do trabalho, subestimam a utilização efetiva dos recursos em 70%. Em outras palavras, os recursos necessários são, em média, 1,7 vezes a estimativa original.

Uma armadilha potencial é a pessoa se comprometer com um projeto e exaurir os recursos disponíveis antes de concluir o projeto e alcançar o resultado desejado. Para piorar as coisas, a pessoa pode recorrer à estratégia de enfrentar a situação por meio da negação e tentar extrair mais resultados de recursos insuficientes, que muitas vezes é comparado a "tentar tirar leite de pedra". É claro que isso raramente funciona e a pessoa tem grande probabilidade de fracassar.

Uma armadilha semelhante é a pessoa subestimar os recursos necessários para manter o *status quo*. Neste caso, ela deveria ter mudado a sua linha de ação e seguido um caminho de menor custo, mas ela também deixa de atingir as suas metas devido a recursos insuficientes.

Os executivos de sucesso desenvolvem um histórico de alcançar as suas metas. Eles fazem isso "exagerando os recursos necessários". Em outras palavras, eles tomam medidas para que todo compromisso seja reforçado por muitos fatores que garantam a sua capacidade para cumprir o compromisso.

O Que Eu Preciso Fazer

A maneira mais óbvia de garantir que você vai cumprir os seus compromissos é duplicar a sua estimativa mais elevada dos recursos necessários (1,7 vezes, para ser exato). Isso pode parecer uma pílula amarga, e você talvez assuste alguns clientes. Mas os dados não mentem. O orçamento do projeto típico é excedido pelo menos em 1,7 vezes.

Outra maneira comum de lidar com os 70% adicionais é especificar claramente as descrições e a propriedade do que pode ser entregue, e os riscos no contrato. Assim, qualquer divergência requer uma alteração no pedido; na realidade, um novo pedido.

Se você está no ramo da empreitada, provavelmente já está bastante familiarizado com esses processos. O ponto que você deve lembrar como líder da mudança é que os clientes tendem a subestimar quase tudo — desde a dor e o custo do *status quo* aos recursos necessários para fazer uma mudança, aos benefícios de efetuar a mudança. Este problema pode fazê-lo tropeçar de várias maneiras. Portanto, tome cuidado com eles e olhe onde está pisando.

Resumo das Atividades

→ Pergunte constantemente: "O que acontecerá se isto exigir o dobro de recursos?"
→ Divida o risco, em vez de assumi-lo sozinho.
→ Reconfira todas as estimativas e depois duplique-as.

Segredo Nº 48
Os Dias de Glória Nunca Existiram

Nenhum homem pode provar ao despertar que ele é o homem que ele acha que foi dormir na noite anterior, ou que qualquer coisa que ele recorda é algo além de um sonho convincente.
— R. Buckminster Fuller

O Que Eu Preciso Saber

A distorção da retrospectiva favorável é a tendência de relembrar acontecimentos passados em uma luz mais positiva do que a realidade. Por exemplo: "Não foi tão doloroso ter o nosso primeiro filho; vamos ter outro!"

As pessoas correm uma série de riscos quando examinam o passado. Primeiro, se a pessoa "subestimar" o grau de recursos, esforço e sofrimento consumidos e experimentados no passado, ela poderá subestimar o custo de repetir o evento no futuro. Assim, a pessoa poderá empreender a atividade com recursos insuficientes e falhar na sua execução. Outro risco é quando a pessoa, por usar hipóteses de custo errôneas, rejeita alternativas melhores, perdendo assim uma oportunidade.

A pessoa também pode se lembrar dos acontecimentos como tendo sido mais negativos do que realmente foram. Ela pode então, caso não faça uma reflexão adequada, rejeitar uma ideia semelhante no futuro, perdendo assim a oportunidade de aprimorar o seu negócio ou a sua vida.

É importante recordar que as memórias do passado são influenciadas por muitos fatores situacionais. Por exemplo, uma pessoa que esteja sofrendo de congestão nasal por causa de um resfriado pode ter uma má recordação de um filme ao qual assistiu no cinema. Outro exemplo é de como é saborosa a barra de cereais que comemos em uma caminhada depois de passar quatro horas subindo uma montanha. Experimente comer a mesma barra depois do jantar e da sobremesa. Você certamente não a achará tão saborosa.

O Que Eu Preciso Fazer

Sempre desconfie das lembranças que as pessoas têm do passado, porque elas raramente são fiéis à realidade; ou são negativas demais ou positivas demais.

Procure obter avaliações objetivas do passado solicitando informações quantificáveis e verificáveis sempre que possível.

Procure fazer avaliações do *status quo* e de possíveis mudanças futuras sem se apoiar em dados anteriores. Confirme essas estimativas com informações atuais.

Se você precisar se apoiar, até certo ponto, em dados do passado, procure descobrir quaisquer fatores situacionais que possam estar deturpando as informações. Não apenas a situação passada pode ser uma fonte de distorção, como também a própria situação atual também pode sê-lo. Por exemplo, uma pessoa pode estar atualmente sob pressão e, no desespero, começar a desejar que certos dados sejam verdadeiros, em vez de provar que eles o são.

Resumo das Atividades

→ Desconfie de dados passados e não deixe de confirmá-los.
→ Descubra fatores situacionais que possam distorcer informações passadas.
→ Sempre que possível, procure usar informações atuais.

Segredo Nº 49
Escolha Sensatamente as Mudanças

Desejar o progresso é a maior parte do progresso.
— Lucius Annaeus Seneca (século I d.C.)

O Que Eu Preciso Saber

Tão logo a pessoa tenha lidado com as forças do seu espaço vital e tenha removido as limitações das suas distorções cognitivas ou esteja atuando dentro desses limites, ela precisa formar uma visão do seu espaço de mudança. Em outras palavras, ela precisa desenvolver um conjunto de possíveis mudanças e escolher uma delas. Há muitas maneiras de modelar o espaço de mudança nas organizações. O líder da mudança precisará escolher o modelo que mais se aplica à organização e situação que estiverem sendo consideradas.

Um dos modelos ilustrativos é o da Estrutura da Liderança das Quatro Forças da Mudança, retratado na ilustração da página ao lado. As três setas representam três forças: fatores ambientais, tendências comportamentais e estratégias cognitivas. O triângulo no meio representa dois conceitos.

Primeiro, representa a força de necessidades internas e atua como um lembrete da Hierarquia das Necessidades de Maslow, começando por baixo com as necessidades fisiológicas e subindo até o vértice do triângulo com a autorrealização. O triângulo está no centro do diagrama para indicar que as necessidades internas desempenham o papel central no espaço vital da pessoa. Isso é adicionalmente enfatizado pelas três setas que rodeiam o triângulo.

A outra ideia representada pelo triângulo é a letra grega Delta, que simboliza "mudança" em matemática. Assim, o triângulo também nos faz lembrar de que as Quatro Forças estão sempre promovendo a mudança.

Use o Modelo das Quatro Forças para criar uma lista de possíveis mudanças e depois para avaliar os *trade-offs*.

O Que Eu Preciso Fazer

Em primeiro lugar, certifique-se de ter caracterizado a reação à mudança do cliente para que você tenha um bom entendimento da capacidade para a mudança e dos comportamentos da pessoa.

Em seguida, ajude o cliente a desenvolver um conjunto de possíveis maneiras de reagir às forças que ele sente. Pode ser interessante pensar nas diversas opções como passagens aéreas com pontos de partida, destinos, preços e disponibilidade.

Para cada opção, determine as mudanças de cada dimensão do modelo das Quatro Forças que serão necessárias para respaldar a mudança. Além disso, existe uma quinta dimensão que não deve ser desconsiderada, ou seja, a mudança da estrutura cognitiva, que significa mudar a maneira como a pessoa percebe a força, em vez da força propriamente dita.

Enquanto o cliente estiver considerando as diversas opções, procure ajudá-lo a visualizar a nova situação como se estivesse assistindo a um filme. Muitas pessoas não se dão ao trabalho de "ver" como o filme termina, de modo que escolhem opções com resultados menos do que ideais. Ajude o cliente a passar o filme até o fim e escolher opções com finais positivos.

Resumo das Atividades

→ Delineie as opções de mudança.
→ Determine as forças necessárias para respaldar cada opção.
→ Visualize a mudança como um filme e "passe" o filme até o fim.

Segredo Nº 50
Mude o Caminho em Direção ao Sucesso

A minha grande preocupação não é saber se você falhou,
e sim se você está satisfeito com o seu fracasso.
— Abraham Lincoln

O Que Eu Preciso Saber

Quantos atacantes você já viu no futebol que abaixam a cabeça e correm em linha reta? Os atacantes bem-sucedidos mantêm a cabeça ereta e mudam constantemente de posição em resposta às jogadas que vão se desenrolando.

Quando um trajeto vai dar em um beco sem saída, siga por outro caminho. Se um percurso fosse garantido, ele já teria sido seguido por outras pessoas. Portanto, o líder da mudança e o seu cliente precisam reconhecer os riscos que acompanham qualquer mudança. A razão pela qual você ou o seu cliente estão atualmente pensando em efetuar uma mudança é o fato de, de uma maneira ou de outra, o caminho atual não estar funcionando. Se depois de tomar outro caminho, este tampouco funcionar, você simplesmente terá que escolher um terceiro.

É claro que ninguém quer ser uma Galinha, que muda constantemente de direção antes de dar a cada chance a oportunidade de ter êxito. No entanto, você tampouco quer ser como a galinha que nasceu em uma grande granja de aves e observava todos os dias milhares de galinhas congeladas serem levadas para o mercado. Fora da colossal cooperativa de galinhas, havia uma estrada que saía da granja. Você sabe por que a galinha atravessou a estrada? Ela não se deu conta de que a estava atravessando, que estava simplesmente indo para o outro lado da mesma estrada, a estrada que ia dar no mercado. No dia seguinte, a galinha foi assada. O sucesso requer que estejamos dispostos a tomar caminhos inteiramente diferentes, e depois segui-los e dar ao novo caminho a oportunidade de ser bem-sucedido.

O Que Eu Preciso Fazer

Uma coisa é você ser a pessoa que está mudando de caminho, mas o que você deve fazer para levar o cliente a seguir um novo percurso?

O primeiro passo é pedir a ele que represente mentalmente para onde o caminho o está conduzindo. Se ele preferir lidar com a situação recusando-se a reconhecer que o percurso atual o está levando para um resultado indesejável, você terá que tocar no assunto repetidamente com o cliente até chegar o dia inevitável no qual ele terá que enfrentar a realidade.

O segundo passo é perguntar ao cliente: se ele tivesse uma máquina do tempo mágica que lhe permitisse saltar magicamente para o futuro ideal, qual seria esse futuro?

O último passo é pedir ao cliente que recue da situação ideal para a situação atual e faça a seguinte pergunta: "O que precisa mudar para que isto aconteça?" em cada etapa do caminho.

Muitas pessoas ficam ansiosas com relação à incerteza de um caminho diferente. Pergunte: "Que certeza você tem com relação ao caminho atual?" Em seguida, diga a essas pessoas que a esperança incerta é melhor do que o fracasso garantido.

Resumo das Atividades

→ O sucesso frequentemente requer uma mudança de percurso.
→ Avalie objetivamente o resultado esperado do caminho atual.
→ Determine que eventos precisam acontecer ao longo do caminho para o sucesso.

Segredo Nº 51
Não Há Bônus sem Ônus

O talento é a infinita capacidade de se esforçar.
— Jane Ellis Hopkins

O Que Eu Preciso Saber

A mudança envolve riscos, os riscos de efetuar a mudança e os riscos de não mudar. Mas a mudança também tem custos. Um dos custos da mudança é o sofrimento. A mudança pode não ser fácil. Ela pode ser extremamente difícil e dolorosa. Isso não significa que ela não seja necessária. Por exemplo, é fácil para os gansos deslocar o bando inteiro através de continentes? Os gansos queimam uma gigantesca quantidade de calorias e enfrentam substanciais privações ao voar através dessas longas distâncias. Mas se não fizessem isso, pereceriam.

A minha imagem do sofrimento é observar os ciclistas do *Tour de France* pedalarem centenas de quilômetros por dia durante três semanas, aparentemente só subindo e descendo montanhas. Procuro praticar uma hora na bicicleta ergométrica pelo menos três vezes por semana. Se você já fez uma aula de bicicleta ergométrica, então sabe como é difícil. É difícil imaginar, enquanto estou na bicicleta ergométrica, que os ciclistas do *Tour de France* consigam pedalar seis horas por dia, todos os dias. Calculo que se Lance Armstrong é capaz de fazer isso mais rápido do que todo mundo, tendo-o feito, na realidade, sete vezes consecutivas, e vencer o câncer, então podemos suportar a dor de uma pequena mudança nos nossos espaços vitais.

Ninguém deveria esperar que a mudança fosse indolor. Mais exatamente, todo mundo deve esperar entender as forças que impulsionam a mudança e aproveitá-las eficazmente.

O Que Eu Preciso Fazer

A mudança é um assunto sério — leve-a a sério.

A mudança é um assunto doloroso — esforce-se para minimizar os custos.

A mudança é arriscada — tome medidas para reduzir ou eliminar os riscos.

Defina as expectativas com cuidado. Estabeleça expectativas realistas para os benefícios a ser alcançados com a mudança. E defina expectativas realistas para os custos da mudança.

Lembre ao seu cliente que assim como "não existe almoço de graça", não é realista esperar ganhar alguma coisa sem fazer um esforço equivalente. Se o cliente tiver expectativas realistas, defini-las ajudará você a prometer o menos possível e apresentar resultados acima do esperado. Se a pessoa ficar assustada com essas expectativas é porque as expectativas dela são irracionais; talvez seja interessante você se desobrigar do compromisso com um cliente que provavelmente será difícil e dispendioso satisfazer.

Resumo das Atividades

→ Defina com cuidado as expectativas.
→ Evite pintar cenários absurdamente auspiciosos que provavelmente deixarão o cliente desapontado.
→ Prometa o mínimo possível e entregue resultados acima do esperado.

Segredo Nº 52
Não Existe Mágica

Todos preferem a convicção ao exercício do discernimento.
— Lucius Annaeus Seneca (Século I d.C.)

O Que Eu Preciso Saber

Este segredo é um lembrete de que devemos caracterizar continuamente o boneco que está dentro da caixa e as reações de mudança dos vários *stakeholders*.

Você se lembra das histórias de Harry Houdini, o famoso mágico e artista de escape que viveu no início do século XX? Houdini entreteve as pessoas durante muitos anos com os seus atos de escape "mágicos". Ele aparentemente sentia que tudo isso era uma boa diversão para as suas audiências, mas quando um grupo começou a ficar famoso por afirmar que os seus membros eram capazes de "canalizar" mensagens de entes queridos falecidos, Houdini achou que aqueles que estavam sendo induzidos a acreditar que estavam falando com pessoas mortas estavam sendo explorados e prejudicados. Na condição de mágico, Houdini conhecia todos os truques que estavam sendo empregados pelos "médiuns". Ele ficou furioso e se esforçou intensamente para expor a fraude.

Isso pode parecer radical, mas o líder da mudança precisa ser cético, exatamente como Houdini era cético a respeito da mágica. Para ser um líder da mudança de sucesso, você precisa ser extremamente confiável, caso contrário, as pessoas simplesmente não farão o que você sugerir.

Quando as pessoas dizem coisas que parecem boas demais para ser verdade, ou o plano aprovado anuncia "mágica está acontecendo aqui", seja extremamente cauteloso com o que você estiver se envolvendo. A sua confiabilidade ficará abalada se você se associar a fatos ou resultados vazios. (Espero que esteja óbvio que, pelas mesmas razões, você próprio não deve fazer "mágica".)

O Que Eu Preciso Fazer

Desenvolva a sua "identidade de marca" como uma pessoa que tem as seguintes qualidades:

- Voz da realidade
- Um denominador comum é encontrado aqui
- Os resultados acontecem aqui
- A verdade – quer ela lhe agrade ou não
- Progresso – não regressão
- Não é fácil – mas vale a pena

Para evitar surpresas "mágicas", bonecos que saltam da caixa, buscas infrutíferas ou meros erros de comunicação, você deve persistentemente procurar melhorar o seu entendimento dos campos de força de cada *stakeholder*. Usando termos de espionagem, você deve continuamente coletar inteligência e manter um dossiê psicológico de todos os *stakeholders*. Quais são as necessidades interiores de cada pessoa? Como ela tende a se comportar? Como costuma lidar com as situações? A que estratégias ela recorre? Quais foram as reações à mudança dela em situações semelhantes no passado? O que torna a situação atual diferente? E assim por diante.

Resumo das Atividades

➜ Seja sempre cético.
➜ Nunca manche a sua confiabilidade.
➜ Seja "inteligente" – saiba o que o mágico tem na manga.

Segredo Nº 53
Não Perca a Calma

O mundo pertence ao entusiasta que permanece calmo.
— William McFee

O Que Eu Preciso Saber

No século XX, Norman Vincent Peale foi considerado um dos mais influentes evangelistas do poder da atitude mental positiva. Adotando uma abordagem mais científica, Kurt Lewin também citou pesquisas que demonstraram que as pessoas que discerniam a capacidade de controlar resultados acusavam um nível de satisfação mais elevado do que aqueles que discerniam uma falta de controle.

Estou certo de que estou "ensinando o padre a rezar missa" quando menciono a necessidade de o líder da mudança ser motivacional e inspirar os *stakeholders* a abraçar e implementar a mudança. Ele precisa ser uma influência estabilizadora que sempre preserva uma atitude mental positiva. No entanto, o líder da mudança precisa expressar a sua atitude mental positiva e entusiasmo com um certo nível de distanciamento e a constante conscientização de que ele é o agente de mudança e não a causa e força propulsora da mudança.

Em *The Fifth Discipline*, Peter Senge fala a respeito da defesa *versus* a investigação quando descreve as características de uma organização que está aprendendo, ou seja, uma organização com uma elevada capacidade de mudança. Na Estrutura da Liderança da Mudança, a principal função do líder da mudança é o de investigador, ou seja, ele investiga as forças que influenciam a pessoa ou a organização. O papel secundário do líder é o de defensor, ou seja, defender as mudanças e os resultados desejados pelo cliente.

O Que Eu Preciso Fazer

Você, o líder da mudança, precisa fazer tudo isso — manter uma atitude mental positiva, ser inspirador, ser um defensor, ser um agente contratado pelo cliente — ao mesmo tempo que permanece emocionalmente desligado e objetivo. Tão logo o líder da mudança se envolve emocionalmente com as propostas de mudança, ele perde objetividade, perceptibilidade, eficácia e credibilidade; ele se torna um dos *stakeholders* no campo de jogo em vez de a "mão invisível" que guia os *stakeholders* em direção aos seus resultados desejados.

Vá em frente e investigue os benefícios da mudança. Vá em frente e reveja a visão do cliente de como as coisas serão bonitas depois que a mudança tiver acontecido. Vá em frente e seja um defensor da razão e do mecanismo de ação. Mas fique atento aos limites do cilindro e da pressão do mecanismo. Não perca a calma, destruindo a iniciativa da mudança por ultrapassar esses limites.

Resumo das Atividades

→ Seja razoável.
→ Ofereça o seu apoio.
→ Seja imparcial.

Segredo Nº 54
Atalhos = Curtos-Circuitos

A paciência é amarga, mas o seu fruto é doce.
— Jean Jacques Rousseau

O Que Eu Preciso Saber

Você já provocou um curto-circuito em um fio elétrico? Quando isso acontece, ou um fusível queima ou um incêndio tem lugar. De qualquer modo, você fica sem eletricidade e tudo para de funcionar até que as coisas sejam consertadas. Essa é uma maneira apropriada de pensar a respeito do que acontecerá se você tentar pegar um atalho no processo da mudança. O que talvez pareça na ocasião uma maneira de acelerar as coisas, poderá não apenas acabar demorando mais, como também causar um dano significativo que poderá levar um longo tempo para ser corrigido, e talvez nem mesmo possa sê-lo.

O líder da mudança bem-sucedido precisa ser altamente disciplinado. O líder da mudança extremamente bem-sucedido precisa ser excepcionalmente disciplinado.

O que é disciplina? Disciplina significa respeitar a ordem.

Os líderes da mudança bem-sucedidos têm uma abordagem bem-organizada e sistemática para impulsionar a mudança — e se mantêm fiéis a ela.

Há alguns anos, eu estava em Denver, Colorado, para uma conferência e assisti a um jogo de beisebol com uns amigos. Perto do final do jogo, os Colorado Rockies estavam perdendo. Somente um *home run* poderia salvar o time. Inacreditavelmente, o jogador Brad Hawpe realizou essa façanha e os Rockies ganharam a partida. Foi absolutamente incrível!

Isso mesmo. Milagres do tipo um em um milhão podem acontecer. Mas você quer ter êxito uma vez em um milhão, ou você quer ser bem-sucedido todas as vezes?

O Que Eu Preciso Fazer

A mudança é como um castelo de cartas que precisa ser cuidadosamente construído, uma carta de cada vez, em uma determinada ordem.

Não caia na tentação de pegar um atalho, ou fazer alguma coisa fora da ordem, antes da hora certa.

Você sempre sofrerá pressão, particularmente da sua gerência, para acelerar as coisas e poderá até mesmo ser incentivado a tomar atalhos. Faça a si mesmo e ao seu gerente a seguinte pergunta: "Você quer que a coisa seja feita da maneira certa (o que resultará em um pedido de compra) ou neste momento (o que resultará em uma oportunidade perdida)?" Muitas vezes, a pergunta se torna: "Eu prefiro ter o pedido na mão mais tarde — ou nunca?"

Essa não é uma desculpa para ficar sentado ao lado do telefone esperando que ele toque e alguém, num passe de mágica, faça um pedido. Pelo contrário, na condição de líder da mudança disciplinado, você precisa criar e executar uma abordagem sistemática e bem organizada. Você tem que remover obstáculos, reduzir riscos, estimular uma coalizão... a lista é interminável. Portanto, coloque este livro de lado e ponha mãos à obra!

Resumo das Atividades

→ Seja excepcionalmente disciplinado — e seja extremamente bem-sucedido.
→ Seja disciplinado — respeite a ordem.
→ É melhor conseguir o pedido mais tarde do que nunca.

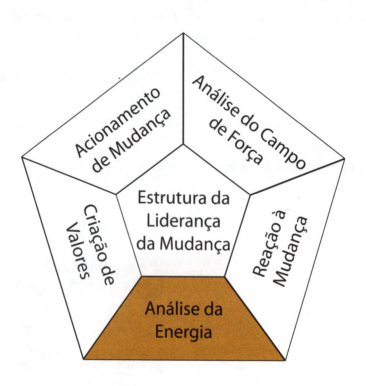

ANÁLISE DA ENERGIA

A TERCEIRA DISCIPLINA

INTRODUÇÃO

À

ANÁLISE DA ENERGIA

↪ **O que é a Análise da Energia?**
A Análise da Energia é o processo de avaliar o esforço necessário para efetuar uma mudança.

Fazer uma mudança envolve:

- Escapar da situação atual
- Superar as forças de resistência
- Deslocar-se da situação atual para a nova situação
- Manter a nova situação

A disciplina de análise da energia avalia esses esforços.

↪ **Por que ela é importante?**
Antes que uma mudança possa ser implementada, é preciso planejá-la, fazer o seu orçamento e aprová-la. Avaliar as várias estratégias de implementação e escolher a menor opção de custo é um passo fundamental para que a mudança seja implementada com êxito.

↪ **De que maneira ela é nova ou diferente?**
A abordagem tradicional de vendas envolve desenvolver uma estimativa de tempo e subsídios, possivelmente com a inclusão de um plano de projeto, e depois conseguir o apoio de um executivo influente. A Estrutura da Liderança da Mudança prescreve um papel de liderança mais proativo, por meio do qual o profissional de vendas desenvolve um entendimento detalhado das forças de propulsão e de resistência presentes na organização ou na vida da

pessoa. O profissional de vendas procura então reforçar as forças propulsoras e reduzir as forças de resistência, conferindo à iniciativa da mudança a melhor chance de sucesso.

➥ **Quais são os conceitos errôneos mais comuns?**
As pessoas tipicamente pensam no processo de efetuar uma mudança como ter o poder de fazer com que as pessoas façam alguma coisa que não querem fazer. Até mesmo o conceito de "gerenciamento da mudança" praticado pelos profissionais de recursos humanos e desenvolvimento organizacional envolve basicamente o processo de implementar uma decisão executiva conduzindo os funcionários através do modelo dos Cinco Estágios do Luto (ou da dor da morte) de Elisabeth Kübler-Ross. Você consegue se imaginar procurando um cliente e dizendo: "Decidi que vocês todos vão mudar. Vocês podem não gostar da ideia, mas terão que superar isso. Vocês podem até chorar, se quiserem, mas com o tempo vão aceitar a situação quando se derem conta de que ainda têm um emprego". Isso pode se chamar gerenciamento da mudança, mas decididamente não é liderança da mudança!

A liderança da mudança envolve ajudar as pessoas a conquistar o poder necessário para alcançar suas metas. Os líderes da mudança perspicazes procuram diminuir as exigências de poder reduzindo a dificuldade de efetuar a mudança.

➥ **Quais são os principais *take-aways* e como colocá-los em ação?**
Não confie apenas no "poder de venda" para obter a aprovação e a implementação do pedido. Adicione mais valor ao executivo procurando entender todas as forças existentes na organização e oferecendo liderança para tornar a mudança bem-sucedida.

Segredo Nº 55
Entenda o Esforço

*Não são as montanhas mais adiante que o deixam esgotado,
e sim o grão de areia no seu sapato.*
— Anônimo

O Que Eu Preciso Saber

A potência pode estar associada a muitas coisas, mas na Estrutura da Liderança da Mudança, potência é uma medida de esforço. Os físicos definem potência como a quantidade de trabalho executado em um determinado intervalo de tempo.

$$Potência = \frac{trabalho}{tempo}$$

Se uma mudança requer dois meses de trabalho diário para ser concluída e outra mudança precisa de um mês, a primeira mudança requer duas vezes a potência. Outra maneira de pensar a respeito disso é a seguinte: se as duas mudanças tivessem que ser concluídas em um mês, a primeira mudança exigiria duas vezes a potência da segunda.

A unidade de medida da energia elétrica é um "watt". Uma mudança que exija muito esforço poderia ser chamada de "mudança de alta wattagem". Por exemplo, a energia elétrica gerada pela barragem Hoover no Rio Colorado é de cerca de dois mil megawatts. Desse modo, quando o seu chefe lhe atribuir um novo projeto, você poderia dizer: "Oh, essa é uma mudança Hooverwatt! Temos que utilizar a energia do Rio Colorado para executá-la!" Ou então você poderia dizer: "Oh, esse é um projeto de megawattagem — vou precisar de um mega-aumento de salário para concluí-lo!" Quando você achar que uma mudança vai ser fácil, você poderá dizer: "Sem problemas. Essa é uma mudança de miliwattagem (um miliwatt é um milésimo de watt). Um vaga-lume pode gerar essa energia. Eu o concluirei em um milissegundo".

O Que Eu Preciso Fazer

Enquanto você ajuda o cliente a escolher uma linha de ação e começa a formular um plano, estimar a energia necessária para efetuar as mudanças propostas torna-se fundamental.

Estime a energia desmembrando o trabalho em pacotes que possam ser individualmente avaliados. Sempre que possível, solicite uma avaliação de especialistas na área específica, ou, melhor ainda, das pessoas que efetivamente executariam o trabalho. Em seguida, some as avaliações dos pacotes de trabalho individuais.

Uma unidade de medida análoga aos watts poderia ser pessoa-meses por mês. É claro que a unidade de medida do custo de uma mudança é a quantia despendida. Mas uma simples quantia não reflete se o dinheiro será usado em um ano ou em um mês. Até mesmo uma medida que represente o tempo, como o valor líquido atual, não leva em conta importantes custos indiretos como o custo de oportunidade de recursos escassos. No início da tomada de decisões, estimativas de uma ordem de magnitude aproximada serão suficientes, mas à medida que o projeto for se aproximando do acionamento — e do contrato — estimativas muito mais exatas serão necessárias.

Resumo das Atividades

→ Estime a energia necessária como trabalho ao longo de um intervalo de tempo.
→ Use como guia projetos anteriores ou avaliações de "baixo para cima".
→ Consulte o seu Mapa de Disseminação da Força (discutido na página 89) para avaliar os custos indiretos.

SEGREDO Nº 56
ENTENDA A BALANÇA DA MUDANÇA

A ação é uma falta de equilíbrio.
— James A. Baldwin

O Que Eu Preciso Saber

Como vimos na Seção 3, Análise do Campo de Força, toda força tem uma força oposta, que Lewin chamou de força "repressora" ou força "de resistência". Lewin disse que uma pessoa está em equilíbrio se as forças propulsoras e repressoras forem iguais, e a pessoa estará em movimento se a força propulsora for maior do que a força de resistência. Em outras palavras, a mudança tem lugar quando as forças propulsoras sobrepujam as forças opostas (repressoras). A figura na página ao lado ilustra o conceito da Balança da Mudança. Se o equilíbrio for perturbado e as forças propulsoras suplantarem as forças de resistência, a balança se inclinará e a mudança ocorrerá. É interessante observar que uma pequena quantidade adicional pode inclinar a balança.

Também é importante ressaltar que quando muitas pessoas pensam na análise do campo de força, elas pensam na Balança da Mudança, representada pela simples equação a seguir:

$$f\{\text{forças propulsoras}\} \geq f\{\text{forças de resistência}\}$$

No entanto, na Estrutura da Liderança da Mudança, a análise do campo de força se refere ao processo de avaliar independentemente as forças em cada lado da balança — as Quatro Forças.

Forças Propulsoras e de Resistência
$= f\{Necessidades, Comportamentos, Estratégias, Ambiente\}$

Por conseguinte, na Estrutura da Liderança da Mudança, é na disciplina da análise da energia que comparamos os resultados da análise do campo de força, comparando as forças propulsoras com as forças de resistência.

O Que Eu Preciso Fazer

O primeiro passo na avaliação do esforço necessário para efetuar uma mudança é realizar uma análise meticulosa das forças propulsoras e das forças de resistência. Uma análise mínima do campo de força identifica pelo menos 1 força em cada uma das dimensões das Quatro Forças tanto para as propulsoras quanto para as repressoras, para um mínimo de 4 forças propulsoras e 4 forças de resistência. Uma análise completa identificaria de 3 a 5 forças em cada uma das dimensões das Quatro Forças, para um total de 12 a 20 forças propulsoras e de 12 a 20 forças de resistência. Você descobrirá que fazer um *brainstorm* de 20 forças é na verdade relativamente fácil. Você também constatará que irá descobrir novas e valiosas ideias a respeito da situação quando fizer isso.

O passo seguinte é avaliar o esforço associado a cada força. Por exemplo, se uma das forças de resistência for uma espécie de comportamento habitual, você estimaria o esforço necessário para gerenciar o comportamento e os seus custos colaterais. Para avaliar os esforços em cada lado da balança, você precisará de comparações de maçãs com maçãs dos vários esforços. Converta todas as estimativas para uma unidade de medida como "pessoa-meses por mês", ou use uma escala de, digamos, 1 a 5, para avaliar os esforços relativos.

Resumo das Atividades

→ Faça uma análise mais meticulosa do campo de força para aumentar a precisão da análise da energia.
→ Certifique-se de que está comparando maçãs com maçãs.
→ Lembre-se de que as quantidades não são tão importantes quando as constatações obtidas ao fazer a análise.

Segredo Nº 57
Qualifique a Resistência

Um problema adequadamente formulado é um problema que já está a caminho de ser resolvido.
— R. Buckminster Fuller

O Que Eu Preciso Saber

As pessoas em geral associam fazer mudanças a superar a resistência. A esta altura, você já entende que toda força propulsora tem uma força de resistência e que qualquer tentativa de mudança encontrará resistência. Vamos examinar algumas fontes comuns de resistência:

Hábitos/homeostase. A maioria das pessoas tem uma preferência universal por manter as coisas como estão e como sempre estiveram.
Falta de conhecimento. As pessoas parecem ter uma preferência universal pelas coisas que conhecem e entendem.
Beneficiários do *status quo*. Os *stakeholders* que estão se beneficiando consideravelmente da situação atual poderão resistir ferozmente a uma mudança na situação.
Metas conflitantes. Se um *stakeholder* tiver uma meta diferente, ou seja, se ele foi influenciado por um conjunto diferente de forças ou tiver uma opinião diferente a respeito delas, ele poderá resistir à mudança.
Jogo da soma zero. Algumas pessoas podem ter a ideia de que se uma pessoa é favorecida, as outras perdem. Por não querer perder, elas resistem.
Mentalidade tacanha. Algumas pessoas simplesmente não estão dispostas a prestar atenção a novas ideias.
Ansiedade. Sabemos que alguém está agindo com base na ansiedade quando apelar para a lógica não parece funcionar.

O Que Eu Preciso Fazer

Os primeiros passos para lidar com a resistência são os seguintes:

Caracterize a reação à mudança. Ao caracterizar as pessoas, lembre-se de que está caracterizando o comportamento delas. A sua principal preocupação é predizer o comportamento delas. Elas apoiarão de uma maneira proativa a mudança na próxima reunião importante dos *stakeholders*? Elas apoiarão passivamente a mudança e a endossarão debilmente, e somente se isso lhes for solicitado? Se forem pressionadas, elas salvarão a pele delas ou a sua?

Fale suavemente e carregue um "grande porrete"*. Qual é o "grande porrete" que o líder da mudança pode carregar? É o apoio das pessoas que têm o poder de fazer a mudança acontecer. Lembre-se da definição de poder da Estrutura da Liderança da Mudança: o esforço necessário para realizar a mudança. O líder da mudança precisa ter o apoio das pessoas que têm os recursos para efetuar a mudança.

Desobrigue-se. Todo profissional de vendas experiente entende o conceito de desqualificar um possível cliente e seguir em frente. O líder da mudança precisa avaliar criticamente o poder das forças de resistência, como a mentalidade tacanha e obstinada de uma pessoa, e determinar se a melhor estratégia não seria investir os seus recursos em outro lugar.

Resumo das Atividades

→ Identifique as forças de resistência.
→ Reforce o seu apoio.
→ Lembre-se de que o que conta é a ação.

---

* "Fale suavemente mas carregue um grande porrete" era uma das frases prediletas do presidente americano Theodore Roosevelt (1901 a 1909) e a sua receita para o sucesso na política externa. (N. da T.)

Segredo Nº 58
Avalie a Resistência ao Poder

> *O homem que está nadando contra a correnteza conhece a força dela.*
> — Woodrow Wilson

O Que Eu Preciso Saber

Um importante fator que influencia a energia necessária para efetuar uma mudança é a energia necessária para superar as forças de resistência.

Eis um processo para avaliar a energia das forças de resistência:

1. Identifique as forças de resistência
2. Avalie qualitativamente as forças de resistência (quem, o que, por que, onde, quando, como)
3. Defina situações de como os opositores poderiam reagir
4. Avalie o esforço que as forças de resistência estão dispostas e são capazes de fazer em cada situação
5. Determine a duração da resistência

Calcule a energia da resistência em cada situação multiplicando o esforço pelo tempo de duração.

Tão logo você tenha a avaliação da energia de resistência, você precisa decidir como vai lidar com a resistência. Apresento três abordagens genéricas:

1. **Através.** Trabalhe através/dentro das restrições definidas pelas forças de resistência.
2. **Ao redor.** Trabalhe fora e ao redor dos limites que interessam à resistência.
3. **Por cima.** Encare a resistência de frente e passe por cima dela.

O Que Eu Preciso Fazer

Avalie a energia da resistência lembrando-se sempre de que a energia (potência) pode ser encarada como:

- **Trabalho ao longo do tempo** – Quanto trabalho a resistência fará? Durante quanto tempo?
- **Força vezes a distância sobre o tempo** – Até onde a resistência estará disposta a ir? Durante quanto tempo?
- **Força vezes a velocidade** – Com que força a resistência atuará? Com que rapidez?

Determine a melhor abordagem para lidar com a resistência: através, ao redor ou por cima.

Lembre-se de que o cliente, por sua vez, pode ter ideias conflitantes, como ansiedade ou falta de conhecimento, que conferem resistência. Você precisará lidar sistematicamente com cada fonte de resistência.

Permaneça imparcial e fique longe do campo de jogo/campo de batalha na organização. Você pode querer o pedido, e é o agente do cliente, mas a mudança não é a sua guerra. Ela é a guerra do cliente.

Resumo das Atividades

→ Identifique todas as forças de resistência.
→ Avalie o esforço que a resistência fará.
→ Não fique "envolvido" com a mudança.

Segredo Nº 59
Reduza a Tensão

A coisa mais importante a respeito do poder é tomar medidas para não precisar usá-lo.
— Edwin Land

O Que Eu Preciso Saber

Lembre-se de que Kurt Lewin define a tensão como a soma das forças propulsoras com as forças de resistência. Lembre-se também de que toda força tem uma força igual e oposta. Portanto, se você aumenta a força de propulsão, a resistência aumenta — e o que você obteve foi mais tensão. Nada mais mudou.

Se as forças propulsoras forem realmente esmagadoras, você pode impelir a mudança por cima da resistência. Em *The Art of War*,* Sun Tzu afirma que as forças precisam ser de cinco para um, e talvez de dez para um, para que possamos tentar sobrepujar o adversário em segurança.

No entanto, Sun Tzu declara pragmaticamente o seguinte: "O líder habilidoso subjuga as tropas inimigas sem luta, conquista as suas cidades sem sitiá-las, derruba o seu reino sem amplas operações no campo". Ele prossegue dizendo: "As táticas militares são como a água, pois a água no seu curso natural se afasta dos lugares elevados [as forças do adversário] e desce apressada [em direção às fraquezas do adversário]". Na liderança da mudança, os lugares elevados e baixos são as áreas de alta resistência e baixa resistência.

Em *O Príncipe*, Maquiavel escreveu a respeito de príncipes que eliminavam a resistência — literalmente.

Desse modo, parece haver uma concordância geral entre os grandes líderes e os acadêmicos, ou seja, que reduzir a tensão reduzindo tanto as forças propulsoras quanto as de resistência é bem mais eficaz do que tentar subjugar a resistência.

---

* *A Arte da Guerra*, publicado pela Editora Pensamento, São Paulo, 1994.

O Que Eu Preciso Fazer

Primeiro, procure entender as forças de resistência tanto qualitativa quanto quantitativamente.

Em segundo lugar, tente reduzir ou eliminar as forças de resistência uma por uma. Por exemplo, se um *stakeholder* estiver relutante em mudar devido a riscos percebidos, descubra maneiras de suavizar ou reduzir os riscos a níveis aceitáveis. Ou se as pessoas estiverem resistindo por causa de uma falta de conhecimento, comunique e, se possível, demonstre a nova situação. Faça isso repetidamente até que elas digam: "OK, chega! Já entendi!"

Terceiro, procure trabalhar dentro ou ao redor dos "lugares elevados" – as áreas de alta resistência. Em última análise, essa abordagem poderá exigir que sejam feitas concessões.

Finalmente, a resistência remanescente terá que simplesmente ser superada. Certifique-se de que os recursos necessários para fazer a mudança estejam plenamente empenhados e sejam plenamente capazes de efetuar a mudança, apesar da resistência.

Resumo das Atividades

→ Reduza tanto as forças de resistência quanto as de propulsão.
→ Trabalhe "através" e "ao redor" das áreas de alta resistência.
→ Como último recurso, alicie o poder para superar a resistência remanescente.

Segredo Nº 60
Torne-se Um Mestre de Kung Fu

A paciência e o tempo são mais eficazes do que a força ou a paixão.
— Jean de la Fontaine [século XVII]

O Que Eu Preciso Saber

Quando eu estava pensando em ingressar no setor de vendas, eu sempre ouvia os gerentes responsáveis pelas contratações dizer que só estavam interessados em profissionais de vendas experientes. Portanto, eu me perguntei qual seria a diferença entre um profissional com dez anos de experiência e uma pessoa como eu, que estava apenas começando? Perguntei a profissionais de vendas experientes o que eles achavam que era diferente, e todos responderam a mesma coisa. O vendedor novo tem muita energia, como um cão de caça que procura a presa debaixo de cada arbusto. No entanto, a energia do profissional inexperiente é amplamente desperdiçada. Digamos que a sua eficiência seja de aproximadamente 50%. Já o vendedor experiente é incrivelmente enganador. A impressão que temos é que ele está agindo de uma maneira lenta e casual. No entanto, o profissional de vendas experiente observa intensamente a situação, faz uma análise primorosa de todas as atividades e informações intimidantes, e determina uma ou duas questões fundamentais, bem como o momento exato, que determinarão o destino do pedido. Talvez esse momento só vá ocorrer noventa dias depois. Nesse meio-tempo, o vendedor passa os 89 dias seguintes no campo de golfe proverbial. A impressão que temos é que ele não está fazendo nada. Mas na verdade, ele é 89 vezes mais eficiente.

Chamo este fenômeno de o "mestre de kung fu". Quando observamos um mestre de kung fu, mal conseguimos vê-lo se mover — e não porque ele seja mais veloz do que a luz. É porque ele realmente não está se movendo. Entretanto, com um simples movimento da mão ou de um dedo, ele derruba no tatame um instrutor faixa-preta que o esteja atacando.

Sun Tzu diz o seguinte: "Os antigos chamavam de lutador talentoso aquele que não apenas vence a luta, mas também que se distingue por vencer com facilidade".

O Que Eu Preciso Fazer

A força do mestre de kung fu não reside na capacidade de mover montanhas, e sim de evitar a tensão.

Esforce-se para reduzir a tensão e se tornar tão eficiente e eficaz quanto um mestre de kung fu, fazendo o que ele faz:

- Prepare-se, prepare-se, prepare-se
- Avalie a situação
- Saiba as medidas que as pessoas vão tomar
- Saiba quando a sua oportunidade chegará
- Aguarde pacientemente a oportunidade
- Quando a oportunidade chegar, aja com a rapidez do relâmpago!

Outra característica dos mestres de kung fu é a disciplina. Eles se preparam dedicadamente para todas as situações possíveis. Praticam repetidamente a sua capacidade de reagir em cada conjuntura. Depois, quando a situação efetivamente se apresenta, eles também demonstram a disciplina de permanecer calmos e pacientes diante de adversários loucos.

Resumo das Atividades

→ Use sabiamente a sua energia e os seus recursos.
→ Espere a oportunidade adequada — e então ataque como uma cobra venenosa.
→ Prepare-se, prepare-se, prepare-se.

Segredo Nº 61
Seja Rápido e Ágil

Aquele que permanece ativo enquanto espera tudo consegue.
— Thomas Edison

O Que Eu Preciso Saber

É difícil imaginar uma pessoa fisicamente mais vigorosa do que Cortez Kennedy, um jogador de meio-campo do Seattle Seahawks que participou oito vezes do Pro-Bowl.* Mas adivinhe o que aconteceu quando a força de Kennedy se tornou conhecida. O outro time colocou dois e depois três jogadores em cima dele. Ele não teve que dominar apenas um atacante de 140 quilos. Ele precisou subjugar mais de 400 quilos, o peso somado de três atacantes. Quanto mais forte ele ficava, mais resistência ele enfrentava e mais tensão ia sendo criada. Toda a sua força era basicamente inútil. Como ele reagiu? Com velocidade e adaptabilidade. Antes que os atacantes do outro time se dessem conta, o *quarterback* deles estava caído de costas no chão.

Na condição de líderes da mudança, podemos aprender com o manual de estratégia de Cortez Kennedy. A velocidade e a adaptabilidade podem ser maneiras extremamente eficazes de reduzir a tensão. Não havia tensão entre Kennedy e os atacantes porque estes estavam bloqueando a sua sombra. O poder de Kennedy foi mais bem aproveitado quando ele não precisou usá-lo.

No entanto, existe uma importante diferença entre a liderança da mudança e essa analogia com o futebol. No futebol, Kennedy sabia exatamente quando deveria acionar a velocidade — a fração de segundo em que a bola era arremessada. Na liderança da mudança, não existe um sinal simples e universal que nos diga qual é o momento certo em que devemos agir com a velocidade do relâmpago.

---

* O *Pro-Bowl* é um jogo da National Football League, que ocorre em Honolulu, Havaí, desde janeiro de 1980, uma semana depois do *Super Bowl*, a final do campeonato de futebol americano. Os jogadores que participam do *Pro-Bowl* são escolhidos pelo público por meio de uma votação pela Internet. (N. da T.)

O Que Eu Preciso Fazer

Parte da arte da liderança da mudança envolve saber quando conservar os recursos e a credibilidade, e quando chega o momento oportuno de agir rapidamente e implementar a mudança. Quando você vir uma oportunidade genuína e legítima — quando o momento estiver visivelmente certo — não hesite; aja com a velocidade do relâmpago. Em seguida, você ficará como Kennedy, de pé sobre o *quarterback* comemorando um *sack*.* A diferença é que você estará recebendo o cheque da sua comissão.

No entanto, você precisa ficar atento, porque a velocidade também pode exigir mais energia e até mesmo aumentar a tensão. Você se lembra de que a potência é quatro vezes a velocidade? Quanto mais rápido a força é exercida, maior a potência envolvida. Se o ritmo "natural" da implementação de uma mudança for de mais de seis meses e você tentar fazê-la acontecer em três, você certamente terá que trabalhar duas vezes mais, e talvez até mais do que isso.

O segredo é se adaptar ao curso "natural" dos eventos em cada situação. Quando digo "natural", estou me referindo à sequência e à época apropriada de eventos que consomem o mínimo de recursos; isso é muito semelhante ao que Sun Tzu diz a respeito de a água encontrar um "curso natural" de menor resistência.

Resumo das Atividades

→ Adapte-se rápido e aja depressa.
→ Procure o "curso natural".
→ Evite a tensão por meio da ação rápida, mas tome cuidado para não causar tensão no processo.

---

* O *sack* ocorre quando um jogador da defesa derruba o *quarterback*, quando este último está com a posse da bola.

Segredo Nº 62
Calcule a Fórmula da Mudança

*Alguns homens veem as coisas como elas são e explicam por quê.
Eu sonho com coisas que nunca existiram e pergunto por que não?*
— George Bernard Shaw

O Que Eu Preciso Saber

"A Fórmula para a Mudança", desenvolvida por Richard Beckhard e David Gleicher, é uma ferramenta útil para avaliar a situação e determinar os passos seguintes no seu ciclo de vendas. A premissa fundamental da fórmula é que as forças de propulsão precisam superar as forças de resistência:

$$I * V * P > E + Ps$$

Onde,
I = Insatisfação. Insatisfação com a situação atual.
V = Visão. Uma visão clara do resultado positivo que uma mudança poderia provocar.
P = Primeiros passos. Um entendimento claro dos primeiros passos que podem ser dados na direção de efetuar a mudança.
E = Econômicos. Custos econômicos, entre eles a mão de obra, o material, e assim por diante.
Ps = Psicológicos. Custos emocionais e outros custos psicológicos como o stress, a mudança da cultura, e assim por diante.

Repare que os fatores propulsores são multiplicativos, o que significa que todos os fatores propulsores precisam estar presentes para que a mudança aconteça. Os fatores de resistência são aditivos porque a presença de qualquer um dos dois atrapalhará a mudança.

O Que Eu Preciso Fazer

A Fórmula da Mudança fornece uma orientação direta e prescritiva:

- Reforça a insatisfação com o *status quo*
- Esclarece e reforça os benefícios da mudança
- Identifica e esclarece os passos concretos específicos que serão dados para iniciar a mudança
- Minimiza o esforço, o custo e o risco de efetuar a mudança
- Minimiza os fatores psicológicos e emocionais que atrapalham a mudança

Usar a fórmula para calcular a magnitude relativa das forças de propulsão e de resistência é muito mais complicado. Por exemplo, como medir a magnitude da insatisfação referente aos custos econômicos? Basicamente, existem duas opções: (1) descrever todos os fatores em termos econômicos (por exemplo, os custos de oportunidade se tornam um substituto para a insatisfação) ou (2) medir todos os fatores em uma escala ponderada. Você provavelmente já desenvolveu uma justificativa econômica para a mudança, de modo que a fórmula é um guia útil para conduzi-la.

Resumo das Atividades

→ Use os fatores I, V e P para qualificar novos possíveis clientes.
→ Siga sistematicamente a orientação da fórmula.
→ Desenvolva uma escala padronizada em toda equipe de vendas.

Segredo Nº 63
Calcule a Força para a Mudança

As coisas mais gratificantes que você faz na vida são frequentemente aquelas que parecem que não podem ser feitas.
— Arnold Palmer

O Que Eu Preciso Saber

A primeira vez que descrevi a "Força para a Mudança" foi em *Forceful Selling* — você pode pensar nela como a "força" em *Forceful Selling*.

$$\text{Força para a Mudança} = C * U * S - CT$$

C = Criticalidade. O quanto a situação é crítica para a pessoa ou organização? A situação atual é apenas uma inconveniência? Ou, no outro extremo, ela é extremamente perigosa?

U = Urgência. Qual a urgência da situação? Existe algum evento ou força específica que obrigará a pessoa ou organização a agir em um momento específico?

S = Confiança. Qual o grau de confiança da pessoa na probabilidade de sucesso da mudança proposta?

CT = Custos da troca. Quais são os custos da implementação de uma nova situação ou solução, mais os custos de descartar a solução atual, mais os custos emocionais e psicológicos associados com a troca para a nova solução?

Em vez de medir as forças em cada lado do fulcro, a fórmula da Força para a Mudança mede o grau em que as forças propulsoras excedem os custos da troca, de uma maneira semelhante aos cálculos tradicionais do retorno sobre o investimento usado no orçamento de capital.

O Que Eu Preciso Fazer

Em primeiro lugar, use a fórmula da Força para a Mudança para qualificar possíveis clientes e oportunidades de mudança. Se a criticalidade, a urgência e a confiança forem baixas, você terá pouco sucesso ao tentar conseguir apoio para a mudança. Analogamente, se o *status quo* estiver firmemente implantado (por exemplo, os 100 mil funcionários do cliente aprenderam a usar o produto do seu concorrente), remover o *status quo* será difícil. Os seus recursos poderão ser melhor utilizados em outras contas.

Segundo, procure oportunidades e desenvolva produtos e serviços que enfoquem questões de negócios decisivas e urgentes no seu mercado-alvo. Procure evitar produtos "legal de se ter" e descubra maneiras de torná-los mais essenciais e urgentes. Se, depois de esgotar todas as ideias e esperanças, o seu produto continuar a ser legal de se ter, você precisa avaliar os seus cálculos pessoais da Fórmula da Mudança e da Força para a Mudança e pensar na possibilidade de vender um produto diferente.

Resumo das Atividades

↪ Use C, U e S para qualificar possíveis oportunidades.
↪ Procure oportunidades C, U e S elevadas.
↪ Tente sempre reduzir os custos da troca.

Segredo Nº 64
Determine os Pivôs de Rotação, os Multiplicadores e os Gatilhos

A vida está sempre em algum ponto decisivo.
— Irwin Edman

O Que Eu Preciso Saber

Pivôs de Rotação
Na física, o ponto de apoio ou pivô de rotação é o local ao redor do qual uma força é aplicada e o movimento ocorre. Na liderança da mudança, a questão "pivô" é a questão central que determina a direção da mudança.

Multiplicadores
Na física, a ação da alavanca está relacionada com a distância entre o pivô de rotação e o lugar onde a força é aplicada. Quando nos afastamos do pivô de rotação, a mesma quantidade de força é essencialmente multiplicada.

Os pivôs de rotação e a ação da alavanca estão estreitamente relacionados porque podemos mudar a força efetiva deslocando o pivô de rotação ou o lugar onde a força é aplicada. Em ambos os casos, uma pequena força causa efeitos desproporcionalmente grandes.

Gatilhos
Os gatilhos são o suprassumo dos resultados desproporcionais. Imagine uma catapulta medieval cujo cesto esteja carregado com centenas de quilos de pedras. Imagine também toda a energia (potência) necessária para puxar para baixo a catapulta para a sua posição "carregada". Uma pequena vara sustenta as centenas de quilos de força. Uma minúscula força é suficiente para deslocar a vara e pôr em ação a energia armazenada na catapulta.

O Que Eu Preciso Fazer

Quando você está promovendo uma mudança, um número desconcertante de forças está em jogo. Às vezes, parece que as opiniões, metas e ideias são tantas que você não conseguirá que os *stakeholders* concordem a respeito da cor do céu, muito menos a respeito de efetuar uma mudança significativa. No entanto, existe um antídoto para o caos: procure os pivôs de rotação e multiplicadores de forças. O segredo é encontrar o pivô de rotação, ou a alavanca, que multiplicará as forças e inclinará a balança na direção da ação.

Dizem que a riqueza requer alavancagem, onde uma unidade de esforço produz múltiplas unidades de resultado. Seja um líder da mudança rico usando multiplicadores de forças para alavancar com sucesso a mudança.

Com frequência, as pessoas e as organizações estão "com a carga máxima", ou como diria Lewin, "com uma tensão elevada", com forças gigantescas mantidas precariamente no lugar. Um evento diminuto pode desencadear a liberação de toda essa tensão, todas essas forças. Procure os gatilhos e utilize-os como ferramentas para a mudança. Mas você também precisa tomar cuidado para não pisar involuntariamente em um gatilho, fazendo com que uma mina terrestre detone no seu rosto.

Resumo das Atividades

→ Procure pessoas, forças e eventos que tenham uma influência desproporcional.
→ Impulsione as pessoas na direção de questões "pivô" e afaste-as de distrações menores.
→ Identifique eventos que instigarão a ação.

CRIAÇÃO DE VALOR

A QUARTA DISCIPLINA

INTRODUÇÃO

À

CRIAÇÃO DE VALOR

➥ O que é?

A criação de valor é o processo de garimpar a organização ou a vida do cliente em busca de fontes de valor.

É importante observar que a disciplina da criação de valor poderia ser executada antes da disciplina da análise da energia, ou até mesmo antes da análise da reação à mudança. Ao longo do relacionamento contínuo de uma conta, muitos aspectos das cinco disciplinas podem ocorrer em paralelo. No entanto, em muitos casos, uma coalizão já pode ter se formado em torno de uma proposta específica de mudança e a questão passar a ser então como obter a aprovação para a mudança. A disciplina da criação de valor torna-se então um passo fundamental que precisa ser concluído antes que a mudança se inicie.

➥ Por que é importante?

A criação de valor é fundamental porque as pessoas precisam entender claramente o valor e os benefícios de mudar antes que possam agir para efetuar a mudança. Além disso, a sua renda é diretamente proporcional ao valor que você cria para os seus clientes.

➥ De que maneira ela é nova ou diferente?

A abordagem tradicional envolve explorar um território de vendas em busca de clientes cujos problemas sejam resolvidos pelo seu produto. O processo é semelhante ao de garimpar ouro olhando embaixo de cada pedra e torrão de areia.

A abordagem centrada na mudança envolve focalizar um conjunto-chave de clientes e garimpar a organização ou a vida deles em busca de oportunidades de mudança. Em seguida, em vez de procurar resolver o problema, o profissional de vendas busca também ajudar os clientes a atingir as metas deles. O processo se assemelha a escavar um poço de mina bem profundo em uma organização e descobrir o filão principal de valor.

➥ **Quais são os conceitos errôneos mais comuns?**
A abordagem tradicional do valor de venda envolve definir o retorno sobre o investimento associado à resolução de um problema. No entanto, no mundo globalizado e com os recursos da Internet de hoje, definir o retorno sobre o investimento, que eu chamo de valor do negócio, é necessário porém não suficiente para criar uma diferenciação lucrativa. Para fechar sistematicamente negócios com margens de lucro atraentes, os profissionais de vendas centrados na mudança adicionam muito mais valor ao procurar proativamente oportunidades de ajudar os clientes a atingir as metas deles.

➥ **Quais são os principais** *take-aways* **e como colocá-los em ação?**
Os clientes alcançam o valor máximo não quando resolvem problemas, mas sim quando alcançam suas metas. Em vez de perguntar: "Quais são as suas dificuldades?", pergunte: "Quais são as suas metas?"

Você criará mais valor para o cliente e abrirá um número muito maior de oportunidades de vendas para si mesmo.

Segredo Nº 65
Seja um Mineiro, não um Prospector

O filão principal está sempre debaixo da superfície.
— Brett Clay

O Que Eu Preciso Saber

Muitos dos conceitos da Estrutura da Liderança da Mudança são amplamente aplicáveis, quer você esteja promovendo uma mudança em grande escala na infraestrutura de uma empresa, quer esteja propondo uma mudança em menor escala como um corretor de imóveis residencial. No entanto, *Revolução nas Vendas* não é um livro a respeito de visitas feitas de surpresa aos possíveis clientes, oportunidades qualificadas e o gerenciamento de um funil de muitos clientes. *Revolução nas Vendas* trata de maximizar a oportunidade de negócios de uma conta de cada vez. Isso significa que a prospecção não é necessária ou importante? A prospecção é certamente um componente fundamental do sucesso nos ambientes de vendas transacionais e voltados para a solução. No entanto, a liderança da mudança valiosa requer uma abordagem inteiramente diferente: garimpar o ouro.

A organização do seu cliente é a montanha onde está localizada a mina de ouro. Ou então, no contexto do cliente pessoa física, a montanha é a vida dele. Todas as pedras e o solo na montanha são as operações da empresa. Os filões de ouro que permeiam a montanha são fontes de valor. O que é então o valor?

Abraham Maslow diria que o valor é criado quando uma necessidade é satisfeita. Kurt Lewin diria que o valor é criado quando uma pessoa atinge uma meta no seu espaço vital. Na Estrutura da Liderança da Mudança, defino valor como a medida do benefício realizado pela efetivação da mudança.

O Que Eu Preciso Fazer

A premissa fundamental da venda centrada na mudança é que o valor é criado pela mudança. O seu papel, portanto, é garimpar a organização ou a vida do cliente em busca de oportunidades de mudança.

Compare isso com (1) a venda transacional, na qual o valor é criado oferecendo-se o melhor preço e condições de entrega, e o papel do profissional de vendas é promover a conscientização da disponibilidade e (2) a venda voltada para a solução, na qual o valor é criado solucionando-se problemas e o papel do profissional de vendas é procurar os problemas resolvidos pelo seu produto.

Como a única constante na vida é a mudança, a venda centrada na mudança oferece um fluxo constante de oportunidades em uma conta. A sua função é criar essas oportunidades e entregar a mudança.

Como você está entregando a mudança, em vez de produtos, você poderá descobrir que precisa se desligar ou até mesmo se separar dos seus produtos. Repare que, ao fazer isso, você também se torna centrado no cliente e dependente dele, em vez de centrado no produto ou no problema. Desse modo, escolha sabiamente os seus clientes.

Resumo das Atividades

→ Procure oportunidades na sua conta, em vez de contas com oportunidades.
→ Crie valor criando a mudança.
→ Venda a mudança, em vez de produtos.

Segredo Nº 66
Crie Valor Organizacional

O valor de uma ideia reside na sua utilização.
— Thomas Edison

O Que Eu Preciso Saber

Defini anteriormente o valor como a medida do benefício realizado quando uma mudança é alcançada. O que isso significa, especificamente, em um contexto organizacional?

Como aprendemos na escola de administração e ouvimos falar todos os dias nos relatórios das bolsas de valores, o propósito de uma empresa é criar riqueza para o acionista. Se houvesse um curso de "Introdução à Escola de Administração", ele nos ensinaria que a riqueza do acionista é gerada por meio da criação de lucros e que os lucros são criados pela maximização das receitas e da minimização dos custos. Portanto, em última análise, as fontes de valor em uma organização que busca o lucro são mudanças que aumentam a receita ou reduzem o custo.

As organizações sem fins lucrativos e as do setor público são um pouco diferentes das empresas que existem para gerar riqueza para o acionista. Essas organizações existem para cumprir uma missão cujo objetivo último é criar utilidade para os seus membros. Por exemplo, eu tive um cliente cuja missão era aprimorar a segurança da tecnologia da informação na Internet. Para cumprir essas missões, as organizações sem fins lucrativos e as do setor público precisam financiar as suas atividades coletando receita e reduzindo os custos. Por conseguinte, as fontes de valor para essas organizações também incluem mudanças que aumentam a receita e reduzem o custo, mas também incluem uma fonte adicional, que é cumprir a missão da organização.

O Que Eu Preciso Fazer

Aaah... se ao menos fosse tão fácil aumentar a receita, diminuir o custo e acabar com a fome no mundo.

Embora as mudanças, em última análise, atinjam essas metas, uma organização pode se beneficiar de muitas maneiras ao efetuar mudanças. Eis uma lista parcial que logo me vem à mente:

- Melhor competitividade
- Risco de mercado reduzido
- Melhora do moral dos funcionários
- Melhora da satisfação do cliente
- Melhora da conformidade regulatória
- Melhora do balanço patrimonial
- Melhora da agilidade

Qualquer mudança que ajude a organização a reagir às Quatro Forças que agem sobre ela cria valor para ela. Você precisará, contudo, inserir o valor no vocabulário da organização para que o valor seja reconhecido.

Resumo das Atividades

→ Crie valor melhorando a receita, o custo e a missão.
→ Identifique todos os outros benefícios.
→ Traduza o valor para a linguagem e a perspectiva do cliente.

SEGREDO Nº 67
CRIE VALOR PESSOAL

A teoria econômica clássica... poderia ser revolucionada pela aceitação da realidade de necessidades humanas mais elevadas, entre elas o impulso da autorrealização e o amor pelos valores mais elevados.
— Abraham Maslow

O Que Eu Preciso Saber

Um ponto importante frequentemente negligenciado é que as pessoas participam de organizações devido a um propósito supremo: obter valor pessoal.

Demonstrar resultados empresariais mensuráveis relacionados com uma mudança na cultura, nas estratégias ou em fatores ambientais da organização é extremamente valioso. No entanto, para criar o valor máximo, a mudança precisa satisfazer as necessidades internas da organização — ou o "eu" dela. Chamo isso de "valor autoalinhado".

Entretanto, não apenas as necessidades internas da organização precisam ser satisfeitas, como também as necessidades internas das pessoas na organização precisam ser igualmente satisfeitas. As pessoas participam da organização para satisfazer as suas necessidades maslowianas, quer sejam necessidades básicas de comida e abrigo, quer sejam necessidades mais elevadas de segurança, entrosamento ou consideração. Quanto mais elevado o tipo de necessidade que estiver sendo satisfeito, maior é o valor criado.

Portanto, além de criar valor para a organização, o líder da mudança precisa criar valor pessoal para os seus membros.

O Que Eu Preciso Fazer

Ao garimpar em busca de valor, procure também fontes de valor pessoal para as pessoas na organização. Entre os exemplos estão:

Necessidades maslowianas — valor autoalinhado. Qualquer coisa que eleve a renda, aumente a segurança, reduza o risco, intensifique o entrosamento ou aumente a consideração pela pessoa será uma fonte de valor pessoal.

As Quatro Forças. Qualquer coisa que ajude as pessoas a melhorar a sua posição em uma das quatro dimensões de força criarão valor pessoal.

Objetivos políticos. De uma maneira ou de outra, todo mundo tem metas e estratégias políticas. Quando o líder da mudança ajuda a pessoa a alcançar esses objetivos políticos, é criado muito mais valor do que aquele que aparece em uma justificativa financeira.

Oportunidades e bem-estar. Qualquer mudança que ofereça à pessoa a oportunidade de melhorar de algum modo a sua posição ou uma maneira de aumentar o seu bem-estar cria valor pessoal.

Resumo das Atividades

→ Garimpe em busca de valor pessoal, bem como de valor organizacional.
→ Esforce-se para entregar o valor mais elevado possível: o valor autoalinhado.
→ Seja criativo — até mesmo a melhora do bem-estar pessoal pode ser altamente valorizada.

Segredo Nº 68
Crie Valor Estratégico

Não se esforce para ser um sucesso, esforce-se para ser valorizado.
— Albert Einstein

O Que Eu Preciso Saber

Como você pode saber se está criando valor estratégico? Eis algumas coisas que você deve procurar:

Force a disseminação. Até onde as forças da mudança se espalham pela organização?
Evidência quantitativa. Em que grau as forças da mudança podem ser quantificadas e verificadas?
Impacto na situação financeira. O dinheiro vivo ainda é rei — até mesmo na liderança da mudança. A evidência quantificável precisa, em última análise, aumentar a riqueza do acionista por meio de receitas mais elevadas, custos mais baixos e riscos menores.
Impacto nos fatores de sucesso essenciais. Toda organização tem um número determinado de fatores dos quais depende o seu sucesso. Quantos desses fatores dependem da mudança?
Duração do impacto. Quanto mais longo o impacto, mais estratégico o valor.
Valor autoalinhado. O supremo valor estratégico é obtido quando satisfazemos tanto as necessidades internas da organização quanto as necessidades internas dos executivos mais importantes.

O Que Eu Preciso Fazer

Seja criativo e desenvolva uma lista de verificação de todas as maneiras que você poderia possivelmente criar valor estratégico para o cliente. Use a lista da página anterior para estimular as suas ideias. Em seguida, introduza o máximo de valor na sua proposta de mudança.

Além disso, consulte o modelo das Cinco Forças de Michael Porter para obter indicações de valor estratégico adicionais:

- A mudança proposta ajuda o cliente a distinguir a organização e os seus produtos e serviços?
- A mudança proposta reduz a intensidade da rivalidade competitiva (dentro dos limites da lei)?
- Você está ajudando o cliente a aumentar as barreiras para evitar que novas empresas entrem no mercado dele?
- A mudança aumenta o poder de negociação da organização com os seus fornecedores?
- A mudança aumenta o poder de negociação da organização com os seus clientes?

Resumo das Atividades

➤ Maximize o seu valor criando valor estratégico para o cliente.
➤ Sempre que possível, procure quantificar e verificar o valor.
➤ Tome medidas para que o cliente compreenda conscientemente o valor, caso contrário ele não o reconhecerá.

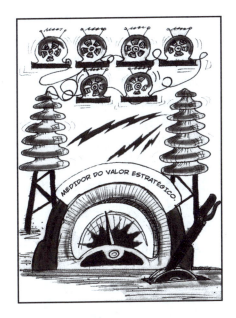

Segredo Nº 69
Galgue a Hierarquia do Valor

Crie a visão mais elevada e grandiosa possível para a sua vida porque você se torna aquilo em que acredita.
— Oprah Winfrey

O Que Eu Preciso Saber

O desenho na página ao lado ilustra o conceito da Hierarquia de Valor e como o valor fica maior em cima.

Características. Um sem-número de profissionais de vendas, profissionais de marketing e executivos confundem características com benefícios. As características simplesmente descrevem um produto; elas não têm valor.
Benefícios. Quando uma característica é usada para conseguir alguma coisa para o comprador, ela gera um benefício.
Soluções. Quando uma característica resolve um problema para o comprador, ela começa a ter um valor mensurável.
Resultados qualitativos. A solução de um problema deve gerar alguns resultados positivos (por exemplo, melhor qualidade, maior lucratividade).
Resultados quantitativos. Quando os resultados podem ser medidos e verificados, eles serão percebidos na sua quantidade total e poderão ser objetivamente inseridos nas demonstrações financeiras da empresa para avaliar o seu impacto.
Reação à mudança. Quando o produto ou serviço ajuda o cliente a reagir a forças que ameaçam oportunidades, o valor é mais significativo do que os números por si sós sugeririam.
Autoalinhado. O maior valor é obtido quando o cliente satisfaz as suas necessidades interiores mais acalentadas.

A QUARTA DISCIPLINA 181

O Que Eu Preciso Fazer

Galgue a hierarquia do valor o mais rápido que você puder.

Se a natureza do seu produto envolver um processo de vendas predominantemente transacional e os seus clientes só estiverem interessados em características, encaminhe esses clientes para o carrinho de compras do seu site. Torne-se um excelente profissional de marketing da Internet e mantenha-se atualizado com relação às tecnologias e técnicas em constante mudança da Internet.

Se você está atualmente concentrado em apresentar soluções, as suas propostas comerciais já devem identificar resultados quantificáveis. Galgue a Hierarquia do Valor identificando forças de alto impacto que estejam agindo sobre o cliente e necessidades internas que possam ser satisfeitas com a sua solução.

Para alcançar e manter uma posição no topo da Hierarquia do Valor, seja criativo e ágil com a sua "solução". É quase certo que você precisará adaptá-la para apresentar valor nesse nível.

Resumo das Atividades

➦ Negocie características, benefícios e soluções no seu website.
➦ Identifique resultados qualitativos e quantitativos logo no início do ciclo de vendas.
➦ À medida que o seu relacionamento for se formando, identifique as forças mais importantes e as necessidades mais relevantes, e depois apresente resultados relacionados com elas.

Segredo Nº 70
O Cliente é o Dono da Mina

Um programa de ação contém riscos e custos, mas estes são bem menores do que os riscos a longo prazo e os custos da inação cômoda.
— John F. Kennedy

O Que Eu Preciso Saber

Você pode fazer coisas maravilhosas para as pessoas, mas se elas não as reconhecerem, o que você terá realizado? O mais importante é que se você tiver criado um enorme valor para o seu cliente, mas ele não reconhecê-lo ou apreciá-lo, a sua remuneração será proporcional ao valor que ele percebe e não ao valor que você criou.

Quando estamos no papel de prestar ajuda às pessoas, às vezes temos tanta vontade de fazê-lo que nós mesmos assumimos a situação delas. Se você tem pais ou filhos, sabe como pode ser frustrante quando eles deixam de seguir a sua sugestão bem informada. É como levar um cavalo para beber água. Temos vontade de dizer: "Se você não beber a água do cocho, você vai morrer. E se você não beber água, eu vou beber por você!"

Assim como no nosso papel de pais ou de filhos não podemos beber água pelas pessoas que estamos tentando ajudar, na condição de profissionais de vendas e líderes da mudança, não podemos efetuar a mudança para os nossos clientes.

De tempos em tempos, quando estamos profundamente envolvidos com uma conta — estamos bem no fundo do poço de mina proverbial, por assim dizer — isso consome a nossa vida e nos esquecemos de quem é o dono da mina. Em última análise, o morro que você está garimpando é de propriedade do cliente.

O valor que você encontra na mina é o valor que o cliente percebe, não o valor que você percebe. Além disso, é o cliente que cria o valor. Você é um mero auxiliar do cliente.

O Que Eu Preciso Fazer

Vá em frente e seja veemente. Vá em frente e interesse-se intensamente por ajudar os seus clientes. Se você não ficar sinceramente satisfeito por ajudar os seus clientes, não será um profissional de vendas bem-sucedido centrado na mudança.

Vá em frente e imagine-se no lugar do cliente. Imagine as forças que o cliente está sentindo e qual a melhor maneira de ele reagir a elas.

No entanto, pare um pouco antes de acreditar que você está efetivamente vivendo a vida do cliente. Pare um pouco antes de acreditar que a vida dele é sua.

Os professores experientes definem limites claros para o que assumem porque sabem que alguns "cavalos" beberão a água do cocho e outros não, independentemente das ações e melhores intenções do professor. Defina limites semelhantes para o que vai assumir.

Tome medidas para que o cliente reconheça pessoalmente, em cada etapa do processo, o valor que você ajuda a criar.

Resumo das Atividades

→ Ajude as pessoas apenas na medida em que elas desejem ser ajudadas.
→ Não assuma a reação à mudança do cliente.
→ Tome medidas para que o cliente reconheça o valor — desde o início até o fim.

Segredo Nº 71
Mude as Regras

O momento de ganhar uma luta é antes de ela começar.
— Frederick W. Lewis

O Que Eu Preciso Saber

Os economistas usam o termo BATNA,* que corresponde à expressão "melhor alternativa para um acordo negociado". A ideia é que se o cliente tem uma alternativa melhor, ele vai ficar com ela. Portanto, a sua proposta precisa ser pelo menos tão atraente quanto a segunda melhor opção do cliente. Como a BATNA se relaciona com garimpar em busca de valor? Ela determina com que parte do ouro você vai ficar.

Você pode tornar a sua proposta mais atraente do que a BATNA alterando as regras da competição.

Regras tradicionais
- Quem tem o melhor preço?
- Quem tem a melhor solução?
- Quem tem os maiores benefícios?
- Quem gera o maior número de resultados comerciais?

Regras da Liderança da Mudança
- Quem pode ajudar melhor o cliente a reagir às forças da mudança?
- Quem pode ajudar melhor o cliente a chegar a um novo destino no seu espaço vital?
- Quem é capaz de criar o valor mais autoalinhado para o cliente?

---

* Sigla da expressão em inglês *Best Alternative to a Negotiated Agreement*. No Brasil também se usa, às vezes, a sigla MAPAN, mas BATNA é mais comum. (N. da T.)

A QUARTA DISCIPLINA

Jogar o jogo da liderança da mudança possibilita que você se torne um recurso estratégico para o qual o seu cliente encontrará poucas alternativas.

O Que Eu Preciso Fazer

Em primeiro lugar, certifique-se de que você está seguindo toda a orientação de Sun Tzu para mobilizar os adversários. Por exemplo, diz Sun Tzu, se você e o seu concorrente forem igualmente fortes e jogarem de acordo com as mesmas regras, você ganhará algumas vezes. Aumente os seus ganhos e as suas receitas atacando o inimigo pelo flanco (isto é, áreas debilitadas, sejam elas de falta de objetividade, recursos, habilidades, etc.).

Segundo, trabalhe com o cliente para identificar, quantificar e verificar os resultados comerciais gerados pela mudança que você está propondo.

Em seguida, elimine a concorrência mudando as regras e apresentando um valor melhor.

"Faça as melhores jogadas possíveis" jogando no topo da Hierarquia de Valor e apresentando um valor estratégico e autoalinhado.

Mantenha o seu concorrente afastado entregando sistematicamente um valor elevado e fazendo com que o seu cliente dependa cada vez mais de você como recurso estratégico.

Resumo das Atividades

→ Procure entender as regras pelas quais os seus concorrentes estão jogando — e depois jogue de acordo com regras diferentes.
→ Apresente resultados comerciais verificáveis, mas não pare por aí.
→ Apresente um valor estratégico e autoalinhado.

SEGREDO Nº 72

MANTENHA O VALOR ELEVADO

*A coisa mais interessante a respeito de um selo postal é
a persistência com a qual ele adere ao seu trabalho.*
— Napoleon Hill

O Que Eu Preciso Saber

Determine um valor elevado e atenha-se a ele. Não apresente um valor elevado reduzindo depois o preço dele.

A determinação de um valor elevado requer muita disciplina e autocontrole, principalmente a disciplina de não tomar atalhos. Se você não tiver esse nível de disciplina, é pouco provável, para início de conversa, que tenha criado um valor elevado. No entanto, uma vez que você tenha criado um valor elevado, a última coisa que deve fazer é jogar tudo fora reduzindo o preço.

Quando você tiver tido êxito ao ajudar o cliente a efetuar uma importante mudança, ele ficará sinceramente agradecido. Sentirá que tem um débito para com você além do dinheiro que troca de mão.

Não é apenas justo para você compartilhar o valor que você cria; a sua sobrevivência depende disso. A decisão de seguir a estratégia de criar e obter um valor elevado é irrevogável porque a criação de um valor elevado requer um conjunto completamente diferente de práticas comerciais e uma estrutura de custo muito mais elevada do que, digamos, a venda transacional na outra extremidade do espectro.

Em vez de tentar acelerar um pedido com uma redução de preço, que tal adotar a abordagem oposta? Você poderia dizer: "Essas mudanças são importantes e precisaremos de tempo para realizá-las corretamente. Se você quiser acelerá-las, o seu custo aumentará. Mas quanto mais rápido iniciarmos as mudanças, mais seremos capazes de gerenciar esses custos. Você gostaria de ir em frente e começar hoje?"

O Que Eu Preciso Fazer

Se a organização do cliente empregar agentes de compras profissionais que são pagos para reduzir o seu preço em vez de maximizar o valor da empresa deles, faça o seguinte:

- Não gaste nenhum recurso da sua empresa enquanto não tiver um contrato assinado na mão. Você certamente não vai querer ficar à mercê de um agente de compras depois de ter entregue todo o valor e esgotado os seus recursos.
- Diga confidencialmente ao cliente que o seu negócio é criar valor, e que você permanece em atividade por compartilhar o valor que você cria.
- Peça ao seu cliente agradecido que intervenha a seu favor. Lembre ao cliente tudo o que você está fazendo por ele.
- Construa um argumento sólido, irrefutável para o valor que você está apresentando e não volte atrás.

A criação de um valor elevado requer a manutenção desse valor, começando antes da sua primeira reunião com o cliente. Pergunte constantemente a si mesmo: "A tarefa que estou executando neste momento está mantendo o valor elevado?"

Resumo das Atividades

→ Toda medida que você tomar deve ser de alta qualidade e estar ajustada para gerar um valor elevado.
→ Alinhe a sua estrutura de custos com o valor que você é capaz de criar — e compartilhar — com o cliente.
→ Documente o valor que você cria e tome medidas para que o seu cliente o comprove e reconheça.

SEGREDO Nº 73
SEJA EXCEPCIONAL

A qualidade da vida de uma pessoa está em proporção direta com o seu grau de comprometimento com a excelência...
— Vince Lombardi

O Que Eu Preciso Saber

Há muitos anos, levei a minha equipe de vendas para um seminário motivacional de Tony Robbins. Um dos principais argumentos de Robbins era o poder de ser excepcional, fora do comum. Ele citou exemplo após exemplo de como a pessoa que está em primeiro lugar recebe quase todas as recompensas e o reconhecimento. Os outros finalistas podem ter chegado apenas com uma diferença de milissegundos, mas basicamente não obtêm nenhum reconhecimento.

Durante as Olimpíadas de Verão de 2008, que atleta recebeu mais reconhecimento? O nadador Michael Phelps. Ele obteve reconhecimento porque foi o primeiro colocado em oito diferentes provas. Ele venceu uma delas por apenas um centésimo de segundo! Em uma entrevista que deu depois da prova, Phelps declarou que quando assistiu ao vídeo em câmara lenta das suas mãos e das do outro nadador tocando a parede, ele não conseguiu ver de quem era a mão que a tocou primeiro. Você sabe o nome do outro nadador? Provavelmente não. No entanto, ele nadou tão rápido quanto Phelps.

Eis mais um entre um número ilimitado de exemplos. Os ciclistas do *Tour de France* pedalam muitas horas ao longo de milhares de quilômetros durante três semanas. O vencedor em geral não é mais do que dez minutos mais rápido do que o ciclista que chega em décimo lugar. Lembro-me de que num determinado ano, 2003, o vencedor terminou apenas um minuto na frente do segundo colocado — depois de pedalar durante 5.021 minutos! Aposto como você só reconhece o nome do vencedor, Lance Armstrong, e não o nome de Jan Ullrich, embora eles tenham terminado a prova essencialmente ao mesmo tempo. Lance Armstrong é considerado um dos melhores atletas de todos os tempos. O que dizem a respeito de Jan Ullrich?

O Que Eu Preciso Fazer

Para ser um profissional de vendas excepcional, entregue resultados excepcionais para o seu cliente. Você desfrutará então o "efeito auréola", ou seja, as pessoas lhe atribuirão mais mérito do que você merece. As oportunidades virão até você mais rápido do que você é capaz de apresentar resultados.

Apenas não cometa o erro de sacrificar a sua excepcional entrega de resultados para aproveitar mais oportunidades do que você é capaz de gerenciar.

Você decididamente se destacará na mente do seu cliente se ajudá-lo a efetuar as mudanças que reagem às forças mais prementes que atuam sobre ele e satisfizer as necessidades internas mais importantes dele.

Você também será excepcional, pelo menos por definição, se jogar de acordo com regras diferentes das dos seus concorrentes. Torne a coerência, a confiança e o valor elevado as suas regras.

Resumo das Atividades

- Identifique maneiras pelas quais você pode entregar um valor excepcional ao seu cliente.
- Pergunte ao cliente como você pode ser excepcional.
- Seja centrado na mudança e entregue um valor autoalinhado.

Segredo Nº 74
Concentre-se em Si Mesmo

O nosso único rival são as nossas potencialidades. O nosso único fracasso é deixar de viver à altura das nossas possibilidades.
— Abraham Maslow

O Que Eu Preciso Saber

Sun Tzu escreveu em *A Arte da Guerra*:

> Se você conhece o inimigo e conhece a si mesmo, não precisará temer o resultado de cem batalhas. Se você conhece a si mesmo mas não conhece o inimigo, para cada vitória obtida você também sofrerá uma derrota. Se você não conhece nem o inimigo nem a si mesmo, perderá todas as batalhas.

Sun Tzu certamente oferece um bom conselho que merece a nossa atenção. No entanto, a liderança da mudança difere da da guerra de uma maneira fundamental: não existe nenhum inimigo. Se você está vendendo soluções, existem muitas soluções competitivas de "inimigos". Mas se você é um agente de mudança, os únicos inimigos são as suas ansiedades. Vamos então reformular as famosas palavras de Sun Tzu levando-as para a área da liderança da mudança:

> Se você se concentrar em ser o melhor agente de mudança possível, não precisará temer o resultado de cem batalhas. Se você se concentrar em ser um agente de mudança melhor do que o concorrente, para cada vitória obtida, você também sofrerá uma derrota. Se você não se concentrar em ser um agente de mudança e sim em oferecer a melhor solução, você sucumbirá em todas as batalhas.

Ser um líder da mudança de primeira classe é semelhante a ser um atleta de primeira linha. Por acaso atletas como Lance Armstrong, Tiger Woods e

Michael Phelps ficam olhando para outras pessoas? Claro que não. Eles estão na frente; não existe ninguém que possam seguir.

O Que Eu Preciso Fazer

Tiger Woods é o melhor jogador de golfe porque todos os outros jogadores são piores do que ele? Ou Tiger Woods é um grande jogador de golfe — e ponto final? O que o torna excepcional? Pense no seguinte: Tiger Woods não é excepcional. A execução impecável de Tiger é excepcional.

Como Tiger Woods chega a essa execução impecável? Ele caminha de buraco em buraco esperando que a bola dos seus adversários não acerte o buraco? De jeito nenhum. Tiger vence tomando medidas para que a sua bola acerte o buraco. Ele faz com que as suas bolas entrem no buraco concentrando-se completamente na sua própria execução. Ele joga cada tacada como se ela fosse decidir o jogo.

Você gostaria de ser como o Tiger Woods da sua linha de negócios? Você gostaria de ser um empreendedor excepcional, insuperável na sua atividade? Você gostaria que os seus clientes corressem atrás de você com pedidos em vez de você correr atrás deles? Tudo isso pode acontecer se você se concentrar em ser o melhor líder da mudança possível. É uma jornada infinita de descoberta e aprendizado, mas é uma jornada incrivelmente gratificante.

Resumo das Atividades

➥ Concentre-se na sua própria execução, não na execução da concorrência.
➥ Reduza a sua ansiedade aprimorando a sua preparação.
➥ "Jogue" cada elemento do seu jogo como se isso significasse a diferença entre ganhar e perder.

Segredo Nº 75
Esteja Disposto a Desistir

As ações falam mais alto do que as palavras.
— Theodore Roosevelt

O Que Eu Preciso Saber

Um dos princípios da teoria da negociação é que um negócio só é fechado quando ambas as partes superam a relutância de desistir dele. Portanto, por mais absurdo que possa parecer, você precisa estar disposto a desistir antes de poder conseguir o pedido.

Quando faço uma análise retrospectiva da minha carreira, percebo que, às vezes, posso ter sido excessivamente ambicioso e impaciente. Pode ter havido alguns casos em que eu poderia ter ganho mais se tivesse fechado o negócio do que me afastado. Mas também houve ocasiões em que eu deveria ter desistido, mas não o fiz. No entanto, em última análise, acredito que as pessoas geralmente erram mais ao definir muito baixo as suas metas, subestimando-se e aceitando resultados medíocres do que ao deixar de aceitar coisas que lhes foram oferecidas de mão beijada.

Desistir de uma oportunidade potencial é uma decisão difícil. Portanto, como saber quando tomá-la?

Em primeiro lugar, determine quanto valor você deseja entregar e faça os investimentos necessários.

Em seguida, defina critérios e metas para si mesmo e avalie clientes em potencial e mudanças com base nesses critérios. Se você deseja ser um líder da mudança altamente valorizado, você não pode empatar os seus recursos com mudanças de baixo valor. Por conseguinte, você precisa estar disposto a desistir se os seus critérios não forem satisfeitos. Isso é decididamente assustador. Mas lembre-se: você não fechará o negócio enquanto não estiver preparado para desistir.

A QUARTA DISCIPLINA 193

O Que Eu Preciso Fazer

A primeira coisa a fazer é não ser bobo. A disciplina econômica da teoria dos jogos tem um conceito chamado "preço de reserva". Esse preço de reserva é aquele no qual você está *realmente* indiferente ao fato de conseguir ou não fechar o negócio. Tanto os compradores quanto os vendedores prestam a si mesmos um tremendo desserviço quando (a) enganam a si mesmos com avaliações incorretas ou emocionais do seu preço de reserva e (b) negociam usando um valor diferente do seu verdadeiro preço de reserva. Por exemplo, se você diz: "100 reais é o mínimo que posso aceitar" quando na realidade teria concordado com 80, você perderia uma oportunidade se o cliente tivesse aceito 90.

Seja disciplinado ao (a) avaliar meticulosa e objetivamente o seu preço de reserva e outros critérios, (b) desistindo de oportunidades que não satisfaçam ao seu preço ou critérios e (c) orçando o seu verdadeiro preço de reserva, mesmo que exista o risco de você "deixar dinheiro na mesa de jogo".

Resumo das Atividades

→ Determine a sua estratégia e metas globais.
→ Depois de um intenso exame de consciência e uma análise objetiva, determine o seu preço de reserva.
→ Lembre-se de que *ambas* as partes precisam estar dispostas a desistir antes de estar dispostas a fechar o negócio.

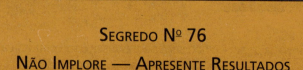

SEGREDO Nº 76
NÃO IMPLORE — APRESENTE RESULTADOS

*Você não pode construir uma reputação baseado
no que você ainda vai fazer.*
— Henry Ford

O Que Eu Preciso Saber

Seja sincero. Você já chegou ao fim de um trimestre sem ter atingido a sua cota e teve uma vontade enorme de implorar ao seu cliente que fizesse um pedido?

Você estava lendo a respeito dos segredos da criação de valor neste livro e se pegou pensando: "Este autor é maluco... Criar um valor elevado dá muito trabalho... Os meus netos vão herdar os pedidos do meu *pipeline* se eu fizer isso... Vou simplesmente fechar o pedido pelo preço que eu conseguir e partir para o seguinte... Afinal de contas, de que me serve esse valor elevado?!"

A resposta para as duas perguntas é a seguinte: se você não entregar um valor elevado, não conseguirá o pedido. Ponto final.

Lembre-se, quer aconteça amanhã, no ano que vem ou daqui a dois anos, a sua concorrência estará apenas a um clique do mouse de distância para o cliente. Se você não apresentar um valor elevado, outra pessoa o fará.

A maneira de construir um *pipeline* de pedidos sólido e previsível é apresentar um valor elevado. Você sempre terá um valor elevado se entregar a mudança. Tão logo você esteja alinhado com as necessidades de mudança do cliente, este o estará pressionando para apresentar resultados em vez de você precisar pressioná-lo para fazer o pedido. Você terá um acúmulo de vendas esperando para ser fechadas em vez de um *pipeline* de vendas que você deseja fechar.

A QUARTA DISCIPLINA

O Que Eu Preciso Fazer

Em vez de usar a tática de "pressionar" e pensar em como você pode acelerar os pedidos, você poderá obter melhores resultados utilizando a tática de "atrair" e pensar em como você pode entregar mais valor.

Estou certo de que você já ouviu a expressão: "Você recebe aquilo pelo que você paga". Defina as expectativas dos clientes para pagar um preço justo pelo que recebem.

Você já ouviu a expressão: "Você recebe o que você entrega?" Quando você entrega um valor elevado, você obtém receitas e lucros elevados. Quando você entrega um valor baixo, você recebe receitas e lucros baixos.

Tome a sua decisão e depois viva de acordo com ela: você deseja ser um pedinte? Ou quer ser um líder da mudança? Embora isso possa parecer uma dramatização exagerada e embora ambas as opções envolvam certas dificuldades, esses termos rigorosos refletem apropriadamente tendências inegáveis: a globalização da concorrência, o aumento do poder da Internet e o cenário econômico mais difícil e complicado desde a Grande Depressão.

Resumo das Atividades

- Concentre-se em entregar um valor elevado.
- Deixe que os outros implorem negócios de baixo valor.
- Satisfaça e exceda as expectativas recíprocas de integridade.

> **SEGREDO Nº 77**
>
> **NÃO EXISTEM SEGREDOS**

Se você construir uma grande experiência, os clientes conversarão a respeito dela uns com os outros. O boca a boca é extremamente poderoso.
— Jeff Bezos

O Que Eu Preciso Saber

Nineteen Eighty-Four,* o romance clássico de George Orwell, retratou o que está se tornando uma realidade verdadeiramente apavorante do século XXI. Orwell imaginou um mundo no qual as pessoas tinham acesso a todas as informações a nosso respeito, até mesmo aos nossos pensamentos. Uma cena famosa é a de um quarto de dormir onde uma placa em cima da cama é na realidade uma "tela" que possibilita a plena visibilidade da vida do personagem principal. Como os pensamentos de Winston Smith vagueiam por coisas que não são politicamente corretas, a Polícia do Pensamento o tortura com o medo que ele tem de ratos. A cada dia que passa, essa cena se torna menos fictícia e mais real.

No mundo do século XXI potencializado pela Internet, você não consegue se esconder. Se você entregar um produto de má qualidade a um cliente particular, os seis bilhões de pessoas no planeta saberão do ocorrido. Ou, pelo menos, poderão ficar sabendo com alguns cliques no computador.

Este fato apresenta ao mesmo tempo oportunidades e riscos. A oportunidade é oferecer um valor excepcional e depois se ver debaixo de uma avalanche de oportunidades de negócios. Os riscos são que um cliente insatisfeito, por mais insignificante que seja, poderá manchar a sua reputação ou os seus concorrentes poderão sabotá-lo colocando informações enganadoras a seu respeito na Internet.

Não há muito o que você possa fazer pessoalmente a respeito do comportamento antiético na Internet, mas você pode garantir que irá se comportar com extrema integridade e entregar uma qualidade excepcional. Se você não fizer isso, todo mundo no planeta certamente tomará conhecimento do fato.

---

* Publicado no Brasil com o título *1984*. O livro foi publicado várias vezes por diferentes editoras. (N. da T.)

O Que Eu Preciso Fazer

Uma abordagem que parece quase inevitável é satisfazer os clientes — a todo custo. No entanto, isso pode rapidamente se tornar não lucrativo.

Uma abordagem melhor é escolher sabiamente os clientes e depois satisfazê-los plenamente. Em outras palavras, ter relacionamentos mais próximos com um número menor de clientes. Entre os clientes sabiamente escolhidos estão aqueles que:

- São racionais, justos e confiáveis
- Consideram você um recurso estratégico
- Extraem um valor econômico máximo do seu relacionamento
- Geram, em última análise, o maior lucro para você enquanto dura o relacionamento

Todos os outros clientes simplesmente reduzem as suas margens de lucro. É claro que a escolha entre a receita e as margens de lucro é um dilema antiquíssimo tanto para os executivos quanto para os acadêmicos. A falência de muitas empresas no final da década de 2000 fornecerá alimento para que uma nova geração inteira possa estudar essa questão. No entanto, a decisão do líder da mudança é simples: é melhor ser pequeno e bem-sucedido, do que grande e frágil.

Resumo das Atividades

➡ Mantenha zelosamente a sua marca.
➡ Tenha relacionamentos mais estreitos com um número menor de clientes.
➡ Desobrigue-se de relacionamentos com clientes que sejam marginalmente lucrativos.

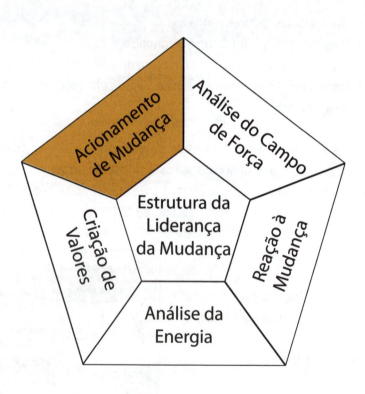

ACIONAMENTO DA MUDANÇA

A QUINTA DISCIPLINA

INTRODUÇÃO

AO

ACIONAMENTO DA MUDANÇA

→ **O que é?**

O acionamento da mudança é o processo de colocar a mudança em movimento.

→ **Por que é importante?**

Todo o esforço e o investimento envolvidos nas quatro primeiras disciplinas só contam se você fizer a mudança acontecer. É aqui que o seu sucesso ou fracasso é avaliado.

→ **De que maneira ele é novo ou diferente?**

Um dos princípios orientadores da Estrutura da Liderança da Mudança é que o passo mais difícil na execução da mudança é o primeiro. Por conseguinte, a quinta disciplina da Estrutura da Liderança da Mudança é o "acionamento da mudança" (em vez de a "execução da mudança").

O *Webster's Dictionary* define "*actuate*"* como:

1. Colocar em ação ou movimento; mover ou encorajar a ação; influenciar ativamente; mover como fazem os motivos

O mesmo radical latino, *actus*, é encontrado na palavra "*actualize*",** que o *Webster's* define da seguinte maneira:

1. Tornar efetivo; realizar por meio da ação

---

*   Em português, acionar, pôr em movimento, mover, impelir. (N. da T.)

** Em português, realizar, efetivar. (N. da T.)

A palavra "realizar" parece familiar? Lembre-se de que a necessidade mais elevada, situada no topo da Hierarquia das Necessidades de Maslow, é a "autorrealização".

A Estrutura da Liderança da Mudança dá uma volta de 360 graus. Ela começa com a análise do campo de força e o entendimento das necessidades internas da pessoa, variando das fisiológicas à autorrealização. E termina acionando as mudanças que ajudarão a pessoa a satisfazer essas necessidades.

➥ Quais são os conceitos errôneos mais comuns?

Você talvez esperasse que um livro sobre a liderança da mudança consistisse apenas no processo de executar a mudança, ou seja, "estalar o chicote sobre a cabeça do cavalo e conduzir a carroça". A execução é sem dúvida essencial. Afinal de contas, de que serve um mapa se você nunca chegar ao destino? Além disso, depois de ter lido o livro até aqui, a palavra "entrega" provavelmente está indelevelmente gravada nas suas córneas.

Desse modo, o que fazer para se destacar na execução e na apresentação, ou entrega, da mudança? A conclusão é a seguinte: esta pergunta está fora da esfera de ação da Estrutura da Liderança da Mudança. Em um contexto organizacional, a execução da mudança é tratada em áreas de estudo como "projeto e gerenciamento de programas", "gerenciamento da mudança" e "desenvolvimento organizacional". No contexto individual, ela é tratada em áreas de estudo como "psicologia humana" e "autoaperfeiçoamento". Essas áreas de estudo oferecem muitas ferramentas úteis, e a Estrutura da Liderança da Mudança utiliza importantes conceitos e ferramentas dessas disciplinas.

Entretanto, "liderança da mudança" é muito diferente de "gerenciamento da mudança". A liderança diz respeito a coisas como orientar, motivar, iniciar e realizar. O gerenciamento envolve coisas como organizar, monitorar, corrigir e concluir. A ênfase deste livro recai na liderança, não no gerenciamento.

➥ Quais são os principais *take-aways* e como colocá-los em ação?

Entregar e executar uma mudança de valor elevado é absolutamente essencial. No entanto, se você se concentrar basicamente nas motivações, orientação, iniciação e realizações associadas às mudanças, a execução destas últimas será muito mais suave.

Segredo Nº 78
Seja um Agente de Mudança

Somente uma vida a serviço dos outros vale a pena ser vivida.
— Albert Einstein

O Que Eu Preciso Saber

Ser um líder da mudança significa ser um agente de mudança. Ser um agente de mudança significa ser um acionador. Parece confuso? Vamos esclarecer o que isso quer dizer.

Quando uma pessoa demonstra ter visão, confiabilidade e competência para conduzir as pessoas para onde elas querem ir — ela se torna um agente de mudança.

Quando as pessoas escolhem seguir, elas entregam ao líder a autoridade e o poder de agir em benefício delas e levá-las para algum lugar — elas empregam o líder como seu agente.

Assim que o caminho é traçado e a autoridade outorgada, o agente de mudança precisa então pôr os seguidores em movimento — ele ajuda a acionar a mudança.

Seja qual for a natureza do seu negócio, quer você venda carros, aviões, software, fundos mútuos ou seguro de vida, pense na sua empresa como uma "agência de mudança". Você está vendendo a mudança. Veja a si mesmo como um agente de mudança contratado, não pela sua empresa, e sim pelo seu cliente para acionar a mudança em benefício dele. Os recursos da sua empresa, bem como os do cliente, são os veículos que acionam a mudança.

Entre as tarefas importantes do agente de mudança estão as seguintes:

- Identificar oportunidades que criam valor
- Agrupar e incentivar a equipe da mudança
- Intermediar a concordância entre os donos dos recursos, o que inclui os recursos da sua empresa

O Que Eu Preciso Fazer

Galgar os degraus de valor e tornar-se um agente de mudança que o cliente encare como uma vantagem estratégica não é um processo que acontece da noite para o dia. A melhor maneira de começar é procurar entender ao máximo tudo o que diz respeito às forças que estão afetando o cliente. Em seguida, ajude-o a reagir às forças mais intensas. Logo você será visto como um "amigo da empresa".

O próximo passo é procurar entender a organização do cliente e caracterizar as pessoas que trabalham nela. Você precisa entender o que as motiva e como elas se comportam. O modelo das Quatro Forças é muito útil neste caso.

Com base no seu profundo conhecimento da organização, você será capaz de agrupar equipes de mudança e formar coalizões para a mudança.

Em última análise, você precisa trabalhar além dos limites organizacionais, inclusive da organização da sua empresa, para elaborar um plano de mudança e colocá-lo em prática.

Resumo das Atividades

- ➜ Você é contratado pelo cliente para criar valor em benefício dele.
- ➜ Demonstre a sua liderança: visão, confiabilidade e competência.
- ➜ Atue como intermediário em um plano de mudança.

Segredo Nº 79
Acione em Vez de Assumir

Se não começar com você, morre com você.
— Julian Casablancas

O Que Eu Preciso Saber

Por você ser o agente de mudança, o cliente lhe confere poderes para colocar a mudança em movimento. No entanto, é fundamental que você entenda a diferença entre acionar uma mudança e assumi-la. O dono da mudança é o cliente, não você.

É claro que os clientes querem que o vendedor cuide de tudo. É para isso que eles estão lhe pagando, certo? O cliente o escolheu em detrimento da sua concorrência porque acredita que você vai entregar a eles os resultados desejados. Como o cliente está extremamente ocupado lidando com muitos problemas, ele não tem tempo de ser a sua babá. Por conseguinte, ele transfere a responsabilidade para você.

Há muitos anos, quando eu era aluno de Mike Bosworth, autor de *Solution Selling*, ele salientou enfaticamente a importância de que não devemos assumir o problema do cliente. Eis o motivo: os clientes que não assumem as próprias mudanças não as implementam com êxito. E quem leva a culpa? Você.

Você, na condição de agente de mudança, está presente para ajudar, dar suporte, analisar, computar, aconselhar, comunicar, defender, e assim por diante. Mas você não pode efetuar a mudança para o cliente. Executar uma mudança é como ajudar alguém a parar de fumar. Você não pode parar de fumar para o cliente. Ele precisa fazer isso sozinho.

Este talvez seja o ponto mais importante deste livro: não caia na armadilha de assumir os problemas do cliente.

Você tem um relacionamento de mudança apropriado quando o cliente o encara como um companheiro em um barco com capacidade para duas pessoas.

O Que Eu Preciso Fazer

Estabeleça de antemão expectativas bem-definidas de que você será o recurso estratégico do cliente ajudando-o a criar um valor elevado. No entanto, em última análise, o dono do negócio é o cliente, não você.

Tome medidas para manter o cliente envolvido. Não deixe que ele desapareça e procure evitar você.

Mantenha a comunicação aberta incluindo cláusulas no contrato que exijam que (a) o agente interno e os donos dos principais recursos se reúnam regularmente com a sua equipe e (b) o executivo responsável ou o dono da empresa se reúna com você regularmente, ainda que com menos frequência, ao longo de todo o projeto da mudança.

Não prejudique a si mesmo fazendo uma propaganda exagerada — pintando situações exageradamente auspiciosas e fazendo promessas que não poderá cumprir. Se você fizer isso, o cliente será o seu "dono". Você será sempre o cão de caça dele fazendo tudo o que ele mandar.

Resumo das Atividades

- Não faça uma propaganda exagerada.
- Você e o cliente devem se considerar colegas e mutuamente responsáveis.
- Mantenha o cliente no barco com você.

Segredo Nº 80
Tenha Grandes Ideias, Execute-as Gradualmente

A felicidade humana é gerada mais pelas pequenas vantagens que ocorrem todos os dias do que por grandes golpes de sorte que raramente acontecem.
— Benjamin Franklin

O Que Eu Preciso Saber

Com frequência, as pessoas ficam assustadas com o conceito de grandes mudanças. Elas podem descartar de imediato uma ideia por considerá-la inexequível e perder realmente uma oportunidade importante.

Uma técnica clássica de negociação que faz com que coisas grandes pareçam menores é chamada de "*nibbling*" [mordiscar]. A ideia é que em vez de pedir uma grande concessão de uma única vez, você volta repetidamente para pedir concessões menores. Quando tomada em conjunto, a soma dos itens pequenos é grande. De qualquer modo, na condição de seres humanos, só podemos colocar um pé diante do outro. Por que então ficar assustados com a magnitude da tarefa que temos diante de nós? Se uma mudança parece exigir um esforço equivalente a cem maratonas, concentre-se apenas no próximo passo que você tem que dar, e não pare de dar passos. Você alcançará a mudança mais rápido do que imagina.

Em contrapartida, também é de fundamental importância que você tenha grandes ideias. Se você só pensar de uma maneira gradual, perderá as oportunidades realmente importantes. Na condição de líder da mudança, você precisa ser visionário. Precisa ser capaz de enxergar além da visão limitada do seu cliente. Quase todos nós temos em geral uma visão extremamente limitada e subestimamos em excesso o que é alcançável. Vivemos essencialmente em compartimentos que criamos para nós mesmos. Uma das maneiras pelas quais você pode se tornar um recurso estratégico para o seu cliente é ajudá-lo a enxergar o que está fora do compartimento dele, a ter ideias mais amplas.

O Que Eu Preciso Fazer

Se você ou o seu cliente tiverem pequenas expectativas, colherão pequenas recompensas. Todos gostaríamos de receber grandes recompensas. No entanto, como a nossa vida do dia a dia se desenrola necessariamente de uma maneira gradual, é fácil nos deixarmos absorver pelos desafios de cada dia e perder de vista como eles são na verdade insignificantes.

Em vez de pensar de uma maneira gradual e executar as coisas por incrementos, você obterá benefícios muito maiores se tiver grandes ideias e executá-las pouco a pouco. Até mesmo as maiores realizações da humanidade, como a Grande Muralha da China, foram feitas paulatinamente, um tijolo de cada vez.

Quando você construir uma visão da mudança para o seu cliente, tome medidas para verificar qual o tamanho da visão que é agradável em um determinado momento. Em alguns casos, talvez seja melhor adotar uma abordagem "*nibbling*", levando o cliente a se concentrar apenas no passo seguinte. Em outras situações, o cliente pode não ter a paciência necessária para lidar com pequenas coisas e você poderá perder credibilidade se não criar grandes visões com grandes ideias.

Resumo das Atividades

➥ Tenha grandes ideias e obtenha grandes benefícios.
➥ Na hora de executar, pense com moderação; na maioria das vezes, a execução falha devido a detalhes negligenciados.
➥ Avalie o apetite do cliente antes de descrever o cardápio.

Segredo Nº 81
Tenha Sempre um Plano

As grandes realizações exigem duas coisas: um plano e relativamente pouco tempo.
— Anônimo

O Que Eu Preciso Saber

Existe um velho ditado que diz: "Se você deixa de planejar, você planeja fracassar". Em *A Arte da Guerra*, Sun Tzu afirma:

> O general vitorioso faz muitos cálculos no seu templo antes de travar a batalha. O general que perde uma batalha faz apenas alguns cálculos com antecedência. Portanto, muitos cálculos conduzem à vitória, e poucos cálculos à derrota; o que dizer então da ausência total de cálculos! É prestando atenção a este ponto que consigo antever quem tem a probabilidade de ganhar ou de perder. (Tradução para o inglês de Lionel Giles)

As palavras de Sun Tzu se encaixam como uma luva nas vendas centradas na mudança. Você gosta de planejar? Você sempre reserva o tempo necessário para fazer um planejamento adequado? Algumas pessoas se sentem tremendamente satisfeitas e seguras depois que desenvolvem um plano estratégico. Outras pensam nessa tarefa e imediatamente ficam cansadas, preferindo simplesmente improvisar.

Um bom exemplo de planejamento é o futebol americano profissional. Pode parecer que os jogadores confiam nos instintos e em uma incrível agilidade para se adaptar às condições do campo. Mas o que você talvez não saiba é que antes de cada jogo, os times passam horas e horas assistindo a "filmes" do adversário para analisar cada jogada deste último. Depois, no dia do jogo, cada movimento dos jogadores foi pré-determinado e pré-programado. Eles estão simplesmente executando o "plano estratégico". Somente depois de um tremendo planejamento e preparação os jogadores nos deixam boquiabertos com a sua "impressionante habilidade".

O Que Eu Preciso Fazer

Goste você ou não, a realidade é que quanto mais você planeja e se prepara, mais valor você entregará como um agente de mudança, e mais a sua renda crescerá.

Por essa razão, as habilidades e ferramentas do planejamento são essenciais se você deseja aumentar a sua renda. Desenvolva constantemente as suas habilidades fazendo cursos e permanecendo em dia com as metodologias de planejamento atuais. Os estudos nas áreas de gerenciamento empresarial e gerenciamento de projetos também são importantes.

Desenvolva um modelo-padrão de planejamento de contas que contenha os princípios fundamentais da venda centrada na mudança. Pense na possibilidade de participar de um curso de treinamento intensivo para profissionais de vendas, que ofereça um esplêndido conjunto de ferramentas e técnicas de planejamento de contas para liderar a mudança e desenvolver receitas.

Não deixe de compartilhar os seus documentos de planejamento de contas com o agente interno de mudança responsável pelas suas contas na empresa do cliente. Vocês são parceiros no mesmo barco. Desse modo, ele terá vontade de ajudar você a ajustar as expectativas e desenvolver planos bem-sucedidos.

Resumo das Atividades

→ Planeje ter sucesso.
→ Desenvolva ferramentas de planejamento que possam ser repetidamente usadas e aprimoradas com o tempo.
→ Invista constantemente nas suas próprias habilidades.

Segredo Nº 82
Meça Duas Vezes; Corte Uma Só

Mais importante do que a busca da certeza é a busca da clareza.
— François Gautier

O Que Eu Preciso Saber

Você se lembra do ditado: "A única coisa da qual podemos ter certeza é da morte e dos impostos?" O líder da mudança precisa alimentar um ceticismo saudável relacionado com a opinião e o comprometimento das pessoas. No dicionário a palavra ceticismo é definida da seguinte maneira:

1. Um estado mental indeciso, curioso
2. A doutrina de que nenhum fato ou princípio pode ser conhecido com certeza; a doutrina de que todo conhecimento é incerto

O ceticismo saudável envolve o entendimento de que todo mundo vê as coisas de uma maneira diferente. É o entendimento de que as informações que as pessoas fornecem representam apenas a *opinião* delas sobre as informações. É o entendimento de que duas pessoas pensam que estão dizendo a mesma coisa, quando na verdade podem estar falando de coisas inteiramente diferentes.

Os marceneiros têm um ditado: "Meça duas vezes; corte uma só". Nada é pior do que a terrível sensação de ter desperdiçado várias horas de esforço e materiais dispendiosos com um único corte errado. Depois que o corte é feito, ele não pode ser desfeito. Na liderança da mudança, o equivalente de "medir duas vezes" é "confirmar duas vezes". O equivalente de "cortar" é agir publicamente. Se você agir publicamente, mas as pessoas não estiverem de acordo, sentimentos, relacionamentos e a credibilidade podem ser prejudicados.

A melhor abordagem que o líder da mudança pode adotar é confirmar e reconfirmar os pontos de vista e o comprometimento dos *stakeholders* — antes de agir com base neles.

O Que Eu Preciso Fazer

Torne-se perito nas inúmeras distorções cognitivas que podem fazer com que os *stakeholders* involuntariamente ofereçam informações imprecisas (por exemplo, falso consenso, retrospectiva favorável, autoilusão, ancoragem, sustentabilidade, etc.). Em seguida, use esse conhecimento para identificar informações potencialmente inexatas.

Procure se apoiar em fatos verificáveis em vez de naqueles que têm origem em rumores.

Verificar os fatos é a tarefa fácil. A outra, muito mais difícil, é verificar a opinião das pessoas e, o mais importante, o comprometimento delas. Você certamente não deseja entrar em uma reunião achando que tem o apoio de uma pessoa e depois testemunhar essa pessoa respaldando o ponto de vista oposto.

Forme um dossiê mental de cada *stakeholder* que inclua um inventário de ações confiáveis e não confiáveis que você tenha observado. Se eles disserem ou fizerem coisas que prejudicam outras pessoas, você precisa pressupor que eles farão o mesmo com você.

Limite a sua exposição ao risco e a sua dependência das pessoas até que elas tenham demonstrado que são confiáveis.

Resumo das Atividades

→ Alimente um ceticismo "saudável" da opinião das pessoas.
→ Procure confirmar todas as informações pelo menos de duas maneiras.
→ Não seja paranoico; apenas tenha certeza.

SEGREDO Nº 83
GRANDE SUCESSO = GRANDE RISCO

Creio que um dos maiores riscos da vida é não ousar arriscar.
— Oprah Winfrey

O Que Eu Preciso Saber

A não ser que você tenha uma fobia como eu tenho de que os *reality shows* da televisão destruirão irreparavelmente as células do meu cérebro, você provavelmente assistiu a *The Apprentice** com Donald Trump. No programa, jovens profissionais ambiciosos concorrem por um emprego no império de Trump. Quando os concorrentes são eliminados, Trump aponta o dedo para eles, faz beicinho e diz: "Você está demitido!" Donald Trump se tornou mais do que um executivo do setor imobiliário e da indústria do jogo; ele se tornou um símbolo do magnata dos negócios. Como ele faz isso?

É claro que a autoestima e autopromoção dele são famosas. Elas são decididamente chaves para o seu sucesso. No entanto, o maior segredo do sucesso de Trump é, de longe, o fato de ele correr riscos. De anos em anos, ele parece ir à falência com uma dívida de bilhões de dólares, e alguns anos depois ressurge bilionário. Essa disposição de correr riscos de bilhões de dólares é o que o torna um sucesso bilionário.

Na liderança da mudança, quem arca com as mudanças e os riscos a ela agregados é o cliente. O papel do agente de mudança é apresentar informações objetivas e imparciais para o cliente a respeito dos benefícios e riscos associados às opções de mudança. Além disso, a função do agente de mudança é ajudar o cliente a eliminar e suavizar os riscos para garantir que a mudança tenha êxito.

No entanto, em última análise, o agente de mudança alcança o seu valor mais elevado quando ajuda o cliente a efetuar as mudanças que produzem os maiores sucessos.

---

* No Brasil, o *reality show* foi apresentado como o nome de *O Aprendiz* pelo empresário Roberto Justus, e exibido pela Rede Record e pelo canal de TV a cabo *People + Arts*.

O Que Eu Preciso Fazer

Embora o cliente assuma a mudança e o risco a ela associado, você participará de ambos — partindo do princípio que você seja um negociador perspicaz. Desse modo, vocês precisam compartilhar valores semelhantes com relação à tolerância ao risco e ao custo da oportunidade. Digamos, por exemplo, que você deseje ser fornecedor de um fabricante de automóveis cujos ciclos de vida do produto são de dez anos, o que inclui três anos de desenvolvimento. Se você não estiver preparado para investir durante três anos antes de começar a ver a receita, não será capaz de participar desse jogo.

Talvez um dos maiores desafios não seja convencer o seu cliente, mas sim convencer a sua empresa a correr o risco e participar de jogos com prêmios maiores. De qualquer modo, você provavelmente não terá muita influência na tolerância ao risco deles. A sua melhor estratégia é se tornar quase um especialista em gerenciamento de riscos e reduzi-los o máximo possível. O Project Management Institute, por exemplo, oferece várias publicações excelentes como *Project Risk Management Guidelines: Managing Risk in Large Projects and Complex Procurements*, oferecendo até mesmo um certificado em gerenciamento de riscos.

Resumo das Atividades

→ Tenha grandes ideias — e depois gerencie o risco a elas associado.
→ Certifique-se de que você e o seu cliente avaliam de uma maneira semelhante os riscos e os custos de oportunidade.
→ Torne o risco mais fácil de engolir reduzindo-o o máximo possível

Segredo Nº 84
Duas Causas do Mal e do Fracasso

Comunique-se, comunique-se e depois comunique-se um pouco mais.
— Bob Nelson

O Que Eu Preciso Saber

No mundo da indústria e no da engenharia, quando alguma coisa dá errado as pessoas procuram entender por que, para poder corrigir o problema. O objetivo é começar com o sintoma do insucesso e trabalhar na ordem inversa para descobrir a causa básica do problema. Se você fizesse uma análise do insucesso em todos os projetos que deram "errado", provavelmente encontraria duas causas básicas: insegurança e falta de comunicação. Essas duas fraquezas humanas podem acabar com qualquer iniciativa.

Em *Forceful Selling*, discuti a ideia de que as pessoas são fundamentalmente seguras (S) ou inseguras (I) — que eu chamei de "Teoria S" e "Teoria I". As pessoas da Teoria I são perigosas porque se sentem facilmente ameaçadas — e depois se protegem recorrendo ao ataque. No melhor dos casos, os seus ataques às vezes sutis e furtivos criam enormes dificuldades para a iniciativa da mudança. No pior dos casos, essas pessoas conseguem acabar com ela de vez.

A outra causa comum do fracasso é a incapacidade de se comunicar. As pessoas da Teoria I podem reter informações como uma tática secreta. No entanto, com mais frequência, os erros de comunicação são involuntários. As pessoas podem estar ocupadas e deixar de se comunicar. Ou podem ser vítimas da distorção do falso consenso, partindo do pressuposto que as informações e interpretações dos outros são iguais às delas.

O Que Eu Preciso Fazer

Seja extremamente atento e cauteloso na identificação de comportamentos que sejam motivados pela insegurança ou má comunicação.

Identifique o comportamento motivado pela insegurança procurando indícios comuns como a mentalidade tacanha, agressividade, ataques pessoais, raciocínio ilógico e má vontade em escutar.

Procure acabar com a ansiedade antes que ela possa germinar: tranquilize proativamente os *stakeholders* com relação à posição e ao valor deles, à importância deles para o sucesso da mudança e aos benefícios que esta lhes proporcionará. As suas declarações devem ser específicas e concretas. Garantias vagas e sem substância apenas instigarão a ansiedade.

Peque pelo exagero, explicando em excesso os conceitos e o *status* para os *stakeholders* para evitar as falhas de comunicação.

Implemente práticas que estimulem os *stakeholders* a trocar ideias com frequência (por exemplo, reuniões semanais, encontros rápidos diários de cinco minutos para transmitir informações, disponibilização de "*feeds*" de forma realmente simples (os *feeds* RSS, etc.).

Resumo das Atividades

→ Desenvolva planos para aliviar a ansiedade.
→ Desenvolva planos para restringir a influência e os danos da Teoria I.
→ Implemente práticas que facilitem a intensa comunicação.

Segredo Nº 85
A Perseverança Triunfa

As grandes obras são executadas por meio da perseverança e não da força.
— Samuel Johnson

O Que Eu Preciso Saber

Todas as grandes realizações da humanidade exigiram uma perseverança constante durante décadas. O Canal do Panamá, que ergue navios cargueiros ao longo de cerca de 80 quilômetros de terra entre o Oceano Pacífico e o Atlântico levou 34 anos para ser construído. A Ponte Golden Gate em San Francisco é outra grande realização. Joseph Strauss, o engenheiro-chefe que administrou a construção da ponte fez *lobby* durante mais de dez anos para conseguir apoio político para construí-la. Depois, trabalhou outros dez anos na construção do apoio estrutural da ponte.

Esses são dois dos maiores projetos da Terra. Os seus projetos provavelmente não exigirão décadas de perseverança. Entretanto, os projetos sempre dão a impressão de que duram bem mais tempo do que o originalmente previsto e parecem sempre acabar ficando em segundo plano com relação a outras prioridades.

Para ter sucesso como agente de mudança, você precisa perseguir constantemente a mudança apesar das dificuldades, obstáculos ou desestímulo. Afinal de contas, se fosse fácil, outra pessoa já teria feito isso, certo?

O dilema é saber quando você deve perseverar e quando deve abandonar o barco e desqualificar a oportunidade. A melhor maneira de lidar com esse dilema não é perguntar "se" o cliente vai mudar, e sim "quando".

O Que Eu Preciso Fazer

Quando o cliente mudar, certamente você vai querer ser o profissional de vendas presente para receber o pedido. Pense em si mesmo como um horticultor que está cuidando de um canteiro de tomates em vez de um caçador em busca de um alimento pronto para ser consumido. Nem todos os tomates amadurecem ao mesmo tempo. Assim, o horticultor cuida deles ao longo dos seus vários estágios de amadurecimento até que cada um deles esteja pronto para ser colhido.

Assim como seria extremamente monótono ficar sentado observando um tomate crescer, você ficará maluco e pobre, se ficar esperando que um determinado cliente mude. Portanto, encha a sua horta com o maior número de oportunidades que você consiga alimentar ao mesmo tempo.

Não pare de procurar novas e melhores oportunidades. À medida que você for identificando oportunidades melhores, poderá eliminar as que parecem estar obsoletas ou desgastadas.

Tenha em mente que o seu sucesso depende, em última análise, da sua capacidade de superar dificuldades e obstáculos. Um agente de mudança que possua uma perseverança extraordinária será tremendamente valioso para os seus clientes.

Resumo das Atividades

➦ Permaneça firme na tentativa de criar valor para o cliente.
➦ Alimente múltiplas oportunidades.
➦ Procure sempre novas oportunidades.

Segredo Nº 86
Tenha Sempre Opções

No tabuleiro de xadrez humano, todas as jogadas são possíveis.
— Miriam Schiff

O Que Eu Preciso Saber

Se você está empenhado em uma única linha de ação, você acabará perecendo. Até mesmo o menor seixo o derrubará. Por exemplo, os automóveis modernos têm pneus de borracha e amortecedores que se adaptam à estrada, possibilitando que os carros corram a grandes velocidades. Sem essa capacidade, pequenas pedras fariam com que eles andassem a passo de tartaruga.

Em *A Arte da Guerra*, Sun Tzu fala a respeito das "Nove Situações" de combate. Ele chama a situação na qual não temos opções de "território cercado". Afirma que somos extremamente vulneráveis nessa situação e, portanto, devemos evitar qualquer envolvimento com o inimigo. É claro que estar em uma posição vulnerável sem a capacidade de envolvimento não irá ajudá-lo a intermediar transações de valor elevado e nem desenvolver o seu negócio. Se o inimigo travar combate conosco quando estivermos em um território cercado, Sun Tzu chama essa situação de "território desesperado". Ele diz que estamos agora lutando pela nossa vida. Como você pode evitar essas situações e ter muitas opções?

Kurt Lewin afirma que pessoas com espaços vitais maiores têm mais opções disponíveis. Você se lembra do exemplo de Lewin de que a criança pode ter dificuldade em alimentar a si mesma enquanto o adulto pode explorar a esfera da gastronomia? O seu interesse é maximizar o seu espaço vital e ajudar o cliente a maximizar o dele. Você pode se deslocar da noção abstrata do espaço vital para escolhas concretas usando como guia o modelo das Quatro Forças.

O Que Eu Preciso Fazer

Seja flexível e adaptativo. Quando as condições mudarem, ou quando as pessoas tiverem pontos de vista conflitantes, adapte-se à situação. Você é o líder da mudança; o seu papel não é ficar imobilizado em uma única opção.

Procure desempenhar o papel do amortecedor no automóvel inserindo-se entre as opiniões conflitantes; em outras palavras, seja um "intermediário" e um diplomata. O intermediário não raro consegue suavizar uma mensagem e despersonalizá-la, ajudando assim o destinatário a reconhecer a validade de outras opções.

Explore e expanda o espaço vital do cliente utilizando o modelo das Quatro Forças para identificar mais opções.

Finalmente, Sun Tzu diz que uma batalha não pode ser ganha sem informações, estratégia e planejamento. Tenha em mente que o líder da mudança torna-se um recurso estratégico quando oferece um parecer excepcional com relação a esses elementos decisivos.

Resumo das Atividades

➙ Permaneça "aberto" a todas as ideias e opções.
➙ Ajude a manter o cliente aberto a mais opções intermediando-as.
➙ Use o modelo das Quatro Forças para identificar opções adicionais.

Segredo Nº 87
Crie a sua Equipe da Mudança

É impressionante o quanto conseguimos realizar se não nos importamos com quem recebe o mérito.
— Harry S. Truman

O Que Eu Preciso Saber

Na venda tradicional voltada para a solução, existe o conceito do padrinho. O padrinho é alguém que acredita que a sua solução é a melhor e o ajuda proativamente a vendê-la para a empresa. O padrinho é basicamente um vendedor interno para você. Ter um padrinho é de suma importância para conseguir o negócio. Você não pode ganhar se não tiver um. O mesmo é verdade com relação à liderança da mudança. Você precisa de uma ou mais pessoas que acreditem que você pode ajudar a organização e que estejam dispostas a ajudá-lo a ter sucesso.

Os métodos de venda tradicionais também falam a respeito de tentar entrar em contato, e vender, para as pessoas mais importantes, identificar quem está a seu favor e quem está contra, e os papéis desempenhados por várias pessoas na comissão de compras (por exemplo, quem avalia, quem recomenda, quem toma as decisões e quem aprova). Entrar em contato com as pessoas mais importantes no início do ciclo das vendas pode funcionar em vendas mais simples voltadas para a solução.

No entanto, a venda centrada na mudança pode envolver um valor muito mais elevado e iniciativas mais complexas que atravessam os limites organizacionais. Portanto, a liderança da mudança envolve um novo vocabulário de termos como *stakeholders* (em vez de comissão de compras), agente de mudança interno (em vez de padrinho) e donos dos recursos (em vez de tomadores de decisão) citando apenas alguns exemplos.

Em última análise, você precisa reunir uma "equipe da mudança" formada por pessoas que não apenas estão experimentando as forças da mudança, mas que também acionarão posteriormente as mudanças.

O Que Eu Preciso Fazer

Recrute as seguintes funções da sua equipe da mudança:

Dono do negócio. Pessoa responsável por alcançar as metas de receita, custo e missão da organização. Essa pessoa tem uma mentalidade extremamente estratégica e pode definir a visão da mudança.
Agente de mudança interno. Pessoa que quer que você tenha êxito e que conseguirá a autorização do dono da empresa para determinar uma mudança na mesma.
Donos dos recursos. A(s) pessoa(s) que controla(m) os recursos afetados pela mudança ou necessários para efetuar a mudança. O sucesso do projeto da mudança depende da cooperação e execução desses recursos.
Líder da resistência. Pessoa que representa as forças de resistência.
Líderes dos *stakeholders*. Pessoa(s) que representa(m) os diversos grupos de *stakeholders* que serão afetados pela mudança proposta.

Resumo das Atividades

→ Recrute pessoas para cada função da equipe da mudança.
→ Identifique o agente de mudança interno o mais rápido possível.
→ Conquiste apoio para a coalizão da mudança por intermédio de múltiplas repetições de contato individual.

SEGREDO Nº 88
NÃO EXISTE ALMOÇO DE GRAÇA

Aqueles que singram os mares não carregam o vento nas mãos.
— Publilius Syrus

O Que Eu Preciso Saber

Milton Friedman, economista e ganhador do Prêmio Nobel, está associado à famosa frase: "Não existe almoço de graça". Mesmo que o almoço seja anunciado como grátis, alguém vai pagar por ele em algum momento — e, em última análise, essa pessoa será você. Isso também é verdade com relação à mudança. Quer uma mudança seja feita agora, mais tarde ou nunca — haverá um preço a ser pago. A inação e as oportunidades perdidas representam grandes custos, embora estes estejam frequentemente ocultos ou sejam desprezados — temporariamente. O custo de efetuar uma mudança rápido demais pode ser alto. E o custo de executar uma mudança devagar demais pode ser ainda mais elevado. O primeiro passo no acionamento da mudança é reconhecer que esses custos não podem ser evitados. O próximo passo é determinar o que é realizável e apropriado.

Abrangência, Cronograma e Recursos

Determinar que mudanças são realizáveis é uma questão de avaliar os três fatores limitadores do gerenciamento do projeto.

Abrangência. O âmbito é essencialmente o "tamanho" do projeto.
Cronograma. O cronograma é a quantidade de tempo destinada à conclusão do projeto.
Recursos. Entre os recursos necessários para a conclusão de um projeto estão itens como mão de obra, materiais, bens de capital, qualificação, processos, ferramentas e tecnologia.

O Que Eu Preciso Fazer

Ajude o seu cliente a evitar os seguintes erros do tipo "Onde está o almoço grátis?":

- Desprezar custos ocultos
- Retardar a ação, na esperança de que as coisas melhorem sozinhas
- Subestimar o tamanho do projeto
- Investir recursos insuficientes — esperar que um projeto seja concluído com poucos recursos

Assim que o cliente tiver aceito o princípio de que "não existe almoço de graça", o líder da mudança precisa ajudá-lo a decidir que configuração de abrangência, cronograma e recursos constitui uma reação apropriada às forças da mudança. Um plano de ação "apropriado" é a configuração mínima de abrangência, cronograma e recursos que implementa a mudança.

Não avalie deliberadamente por baixo as necessidades de recursos para posteriormente pedir mais recursos. Você perderá a confiança do cliente, e ele não contará com você como um recurso estratégico.

Resumo das Atividades

→ Não tente "singrar os mares" e adotar mudanças em excesso.
→ Conduza uma análise objetiva.
→ Elimine as suposições de "almoço grátis" e os passos de "mágica está acontecendo aqui" no plano da mudança.

SEGREDO Nº 89
PLANEJE COM ANTECEDÊNCIA, MAS ENTREGUE A VERSÃO 1.0

*Tudo deve ser feito tão simples quanto possível,
mas não mais simples que isso.*
— Albert Einstein

O Que Eu Preciso Saber

As pessoas sempre parecem ter "um paladar para champanhe mas um orçamento para cerveja". Elas sempre querem mais do que estão preparadas para pagar. É por esse motivo que temos que ter a "Versão 1.0" na liderança da mudança. A "Versão 1.0" é o conjunto do escopo e dos componentes mais importantes que estão disponíveis como uma primeira fase da mudança. As outras mudanças terão que esperar até a fase seguinte do processo da mudança; elas serão mudanças da "Versão 2.0".

Um dos erros mais comuns e fatais que os clientes e líderes da mudança empolgados cometem é afastar a atenção da Versão 1.0.

Assim que as pessoas aceitam a visão da mudança, elas querem tudo – não apenas o que faz parte da primeira fase. Desse modo, os dirigentes concentram a atenção na Versão 2.0. Esse erro é fatal. A Versão 2.0 nunca chega. Nunca chega porque os dirigentes não deixam que a Versão 1.0 seja concluída. É como um rebatedor no beisebol que se concentra no arremesso seguinte em vez de na bola que está vindo na direção dele naquele exato momento. A Versão 2.0 nada mais é do que um sonho, ou uma fantasia, até que a Versão 1.0 se torne realidade.

Um grande líder da mudança precisa imitar a intensa concentração dos atletas notáveis como Tiger Woods, Lance Armstrong e Cortez Kennedy. Certamente eles concluem a Versão 2.0. Na realidade, eles apresentam a Versão 10.0 – no devido tempo. Mas eles chegam lá dedicando toda a sua atenção à tarefa que têm diante de si.

A QUINTA DISCIPLINA   225

O Que Eu Preciso Fazer

A única maneira de lidar com recursos escassos é reduzir a abrangência da mudança. Você pode fazer isso desmembrando grandes iniciativas de mudança em fases múltiplas e realizáveis que apresentam resultados aceitáveis ao longo do caminho.

Depois, quando você estiver acionando a mudança, mantenha a promessa da Versão 2.0 e das fases futuras, mas concentre a totalidade da energia do cliente na Versão 1.0.

Manter esse foco é uma daquelas coisas que são mais fáceis de falar do que fazer porque o cliente exercerá uma forte pressão no líder da mudança para que entregue a Versão 2.0. Essa é outra oportunidade para você demonstrar a disciplina da qualidade e do valor elevados — permanecendo comprometido com as realidades das limitações da abrangência, do cronograma e dos recursos, e com a conclusão bem-sucedida da Versão 1.0 — antes de discutir a Versão 2.0.

Resumo das Atividades

- Desmembre as grandes iniciativas em fases múltiplas e realizáveis.
- Planeje todas as fases, mas concentre totalmente a atenção na fase atual.
- Mantenha a visão e a promessa de fases futuras, mas certifique-se de que cada fase apresente um valor próprio.

Segredo Nº 90
A Versão 1.0 é de Má Qualidade

Mire o sucesso, não a perfeição. Nunca desista do seu direito de estar errado, porque você perderá a capacidade de aprender coisas novas e seguir adiante com a sua vida.
— David M. Burns

O Que Eu Preciso Saber

Sejamos realistas. A Versão 1.0 é uma decepção. Todos se deixaram convencer pela visão da mudança. No início, se mostraram céticos. Mas depois, pouco a pouco, perceberam os benefícios e as forças propulsoras, e com o tempo se tornaram receptivos à visão. Tão logo foi tomada a decisão de seguir adiante com a mudança e definir o plano de implementação, as pessoas ficaram literalmente empolgadas. Mais tarde, quando a equipe de implementação apresentou o plano da Versão 1.0, foi como se uma nuvem escura de tempestade derramasse chuva por sobre todo o grupo da mudança. O plano de implementação exige uma enorme quantidade de tempo e recursos. Além disso, aspectos fundamentais do plano de mudança tiveram que ser deixados de fora devido a obstáculos dispendiosos.

Tudo isso parece deprimente, mas a realidade é que a perfeição é impossível. Isso não quer dizer que você e o seu cliente devam se resignar a aceitar um plano de baixa qualidade, ou desistir inteiramente. Mais exatamente, significa que você precisa aceitar a realidade expressa no verso da música dos Rolling Stones: "Você não pode obter sempre o que você quer... Você obtém o que você precisa".*

A sua atitude mental como líder da mudança deve ser se esforçar por alcançar o "Kaizen", o conceito japonês do aprimoramento gradual e contínuo. Na realidade, a melhora gradual, em vez de substancial, é uma premissa

---

* *You can't always get what you want... You get what you need.*

A QUINTA DISCIPLINA 227

básica do controle de qualidade, porque uma coisa não pode ser controlada se mais de um fator estiver mudando ao mesmo tempo.

O Que Eu Preciso Fazer

Não espere a perfeição no Primeiro Dia, ou na Versão 1.0.

Em vez de se esforçar para alcançar a versão perfeita, com tudo o que ela tem direito, desmembre o plano da mudança em blocos menores que possam ser implementados em fases com pontos de referência mensuráveis.

Considere a mudança como algo que acontece de uma maneira contínua e gradual, em vez de repentina e completamente. Dimensione os incrementos de acordo com a magnitude da abrangência do projeto e dos recursos. Por exemplo, a implementação de um software para cem mil usuários teria incrementos maiores do que a mesma implementação para cem usuários.

Lembre-se de que o controle de qualidade depende da capacidade de avaliar o impacto separado de cada variável. Embora os clientes empolgados possam querer seguir adiante de imediato, se qualquer coisa der errado (e você pode apostar que alguma coisa dará), pode ser muito mais difícil e dispendioso encontrar a causa correta e corrigi-la. Uma abordagem sistemática e progressiva geralmente faz com que o projeto seja concluído de uma maneira mais rápida e mais barata, embora ela possa parecer mais cara no início.

Resumo das Atividades

→ Não vise a perfeição; tenha como alvo o aprimoramento gradual.
→ Identifique pontos de referência apropriados para o tamanho da mudança.
→ Planeje e efetue a mudança de uma maneira sistemática e gradual.

Segredo Nº 91
Influencie os Críticos

Qualquer idiota consegue derrubar um celeiro, mas é preciso um bom carpinteiro para construir um.
— Lyndon B. Johnson

O Que Eu Preciso Saber

Embora exista o risco de que clientes empolgados superestimem o que é possível realizar, existe o risco ainda maior de que um grupo de críticos afirme que nada é possível. É claro que você deve enfrentar os críticos com um plano sólido e dados concretos. No entanto, os críticos poderão atacar os seus dados e a sua credibilidade, conduzindo a um jogo de "ele disse — ela disse".

Em *A Arte da Guerra*, Sun Tzu dedica um capítulo inteiro a "Como Usar os Espiões". Ele descreve cinco tipos de espiões:

1. **Local.** Uma pessoa especializada em uma determinada área.
2. **Interno.** Uma pessoa que trabalha para o inimigo, neste caso os críticos.
3. **Convertido.** Um espião originalmente a serviço do inimigo, mas agora a seu serviço.
4. **Condenado.** Uma pessoa que o está espionando a quem você fornece informações erradas para que ela as relate ao inimigo.
5. **Sobrevivente.** Uma pessoa que traz informações do inimigo.

Talvez seja interessante examinar as definições de Sun Tzu e refletir a respeito das pessoas na organização do seu cliente que poderão se encaixar nelas.

O Que Eu Preciso Fazer

Sun Tzu oferece a seguinte orientação sobre como proceder com os espiões (substitui a palavra "espião" por "crítico").

Os críticos são as pessoas na organização com quem o líder deve ter um relacionamento mais íntimo. Além disso, são elas que devem ser mais liberalmente recompensadas pelo líder.

Os críticos precisam ser conduzidos de uma maneira direta e atenciosa. A tentativa de enganá-los não produzirá o serviço que você deseja.

Seja cauteloso ao confiar em informações fornecidas pelos críticos.

Use os críticos para todos os tipos de atividades, mas seja extremamente sutil ao usar informações fornecidas por eles. Nenhum outro negócio exige um sigilo maior.

Você precisa entender as opiniões dos críticos e a maneira como elas são difundidas. Depois disso, e somente então, você terá todas as informações necessárias para formular e comunicar que mudanças são realizáveis. Portanto, em harmonia com a sua posição de distanciamento e diplomacia, visite os críticos com frequência. Compreenda-os. Converta-os.

Resumo das Atividades

→ Identifique pessoas que estejam atuando nos diversos papéis de espião.
→ Aceite os críticos e procure compreendê-los.
→ Tente converter os críticos, ou procure intermediar um acordo com eles.

Segredo Nº 92
Onde Existe Mudança, Existe Conflito

O diamante é um pedaço de carvão que prosperou sob pressão.
— Anônimo

O Que Eu Preciso Saber

Os negócios são uma guerra. Ou, pelo menos, algumas pessoas são dessa opinião. Na condição de agente de mudança, não raro você se encontra na linha de frente dessa guerra.

Quanto maior a importância associada à mudança com a qual você estiver envolvido, mais você poderá ficar exposto ao fogo cruzado. Existem muitas maneiras e razões pelas quais você pode ser atingido pelo fogo cruzado. As pessoas poderão achar, por exemplo, que se conseguirem diminuir o seu ritmo, conseguirão desacelerar a mudança. Ou poderão encará-lo como um agente do "inimigo".

Além disso, a mudança pode ser um processo que possui uma carga emocional que traz à tona intensos sentimentos associados à morte e ansiedades fortemente arraigadas. Você pode ficar preso no meio desses conflitos internos e até mesmo funcionar como um para-raios para as emoções das pessoas.

Vencer esses conflitos pode ser extremamente difícil e exaustivo para o agente de mudança. Entre os sintomas da fadiga do agente de mudança estão os seguintes:

- **Isolamento** — ninguém parece estar a seu favor
- **Desamparo** — nada parece funcionar
- **Confusão** — não saber o que fazer em seguida
- **Questionar o seu valor** — perguntar-se se você não estará errado
- **Desespero** — pensar na possibilidade de desistir

A QUINTA DISCIPLINA 231

O Que Eu Preciso Fazer

Em primeiro lugar, não leve nada para o lado pessoal. Isso é mais fácil de dizer do que fazer, a não ser que você possua um nível neurótico de autoconfiança. A melhor maneira de manter a cabeça fria é concentrar-se em permanecer em harmonia com o seu cliente.

Segundo, mantenha uma atitude de neutralidade. Isso não é apenas uma estratégia destinada a ajudá-lo a não levar o conflito para o lado pessoal; é também uma maneira de você permanecer fora do conflito. Se você às vezes tiver a impressão de que está na linha divisória do gramado, em um jogo de futebol americano profissional, cercado por jogadores de 140 quilos, imagine, em vez disso, que você está em uma cabine da imprensa bem acima do estádio. Em seguida, observe a cena. Onde os jogadores estão fazendo os bloqueios? Que jogada do manual de estratégia do time eles estão usando?

Em terceiro lugar, não tenha medo. Como afirmou Franklin D. Roosevelt: "A única coisa que devemos temer é o medo". Essa frase não poderia ser mais verdadeira do que na liderança da mudança. Se você imaginar que é um fantasma ou um comentarista que está bem acima do campo de jogo, não poderá se machucar e nada terá a temer. Ser destemido e não se deixar intimidar o torna um agente de mudança muito mais eficaz.

Resumo das Atividades

→ Esteja preparado para o conflito — vista um escudo imaginário à prova de bala.
→ Mantenha-se imparcial e não participe do conflito.
→ Permaneça em sintonia com o cliente — ele é o chefe.

Segredo Nº 93
Sustente um Momento Linear Positivo

Quando deixamos uma palavra sair da jaula, não podemos assobiar para que ela entre novamente.
— Horácio (século I a.C.)

O Que Eu Preciso Saber

Uma das "forças" mais poderosas que atuam sobre uma iniciativa de mudança é a força do impulso, ou na terminologia da física, do momento linear. O momento linear não é tecnicamente uma força. No entanto, ele pode dar a impressão de possuir uma força própria.

O momento linear é, na realidade, a massa vezes a velocidade: $P = mv$

Pense em empurrar um automóvel enguiçado. É preciso muita força para fazer o carro sair do lugar. Entretanto, quando ele começa a se movimentar, tome cuidado. Parece que ele adquire vida própria. O motivo pelo qual ele parece vivo é que a massa em movimento tem a sua própria energia (fornecida pela equação $E = \frac{1}{2}mv^2$). Por conseguinte, o carro vai continuar em movimento até que alguma coisa o empurre com uma energia idêntica para fazê-lo parar. O que você acha da ideia de se colocar na frente do carro e fazer com que ele pare? No mínimo, difícil, não é mesmo?

No seu papel de agente de mudança, você precisa acioná-la, precisa colocar o carro em movimento. Inicialmente, a mudança parece pesada demais, impossível na verdade. Mas quando ela começa a se mover, cada empurrão faz com que ela fique mais rápida, até que parece adquirir vida própria. A tarefa torna-se então conduzi-la e controlá-la. Esses são os processos do acionamento da mudança.

A situação que você precisa evitar a todo custo é o momento linear se voltar contra você. Você precisará literalmente de duas vezes a energia para revertê-lo, porque não apenas é igualmente difícil empurrar o carro para a frente, como você precisará impedir que ele o atropele.

Para acionar a mudança com sucesso, você precisa estabelecer um momento linear positivo, por menor que ele seja, desde o início.

O Que Eu Preciso Fazer

Para garantir que você irá estabelecer um momento linear positivo desde o início, espere para começar a acionar a mudança quando já tiver providenciado o apoio necessário para energizar a mudança e superar a resistência.

Durante a fase de formação da coalizão, o ideal é que você mantenha um perfil discreto, "deixando escapar" ideias para os *stakeholders* com o objetivo de determinar a disposição deles de apoiar diferentes tipos de mudança.

Defina o momento linear (a massa vezes a velocidade) positivo com que vários *stakeholders* contribuirão para a coalizão da mudança. A analogia da massa é a influência deles na organização. A analogia da velocidade é a rapidez e o vigor com que apoiarão a mudança.

Calcule o momento linear negativo que os opositores investirão na resistência à mudança.

Eleve o seu perfil e a consciência da proposta da mudança somente depois que o momento linear positivo exceder o negativo.

Resumo das Atividades

→ Mantenha um medo saudável e respeite a influência do momento linear.
→ Desenvolva cuidadosamente o momento linear, lidando com um *stakeholder* de cada vez.
→ Ative o processo somente depois que o momento linear positivo estiver assegurado.

Segredo Nº 94
Seja o Cético Que Sempre Acredita

O indício mais claro da sabedoria é um constante bom humor.
— Michel Eyquem de Montaigne

O Que Eu Preciso Saber

Ao avaliar e convencer os *stakeholders* do que é realizável, o agente de mudança precisa praticamente ter duas personalidades. Uma delas deve ser a do promotor que inspira todos a agir por meio de visões estimulantes a respeito do que é possível. A outra personalidade deve ser a do cético que questiona o que é realista e alcançável, e define expectativas baseado na filosofia de "prometer pouco e entregar em excesso".

Basicamente, uma das personalidades, ou "papel", precisa convencer as pessoas a "comprar" e a outra precisa entregar. Uma das razões pelas quais o líder da mudança vale muito mais do que aquele que apresenta soluções é o fato de o líder da mudança desempenhar os dois papéis. O líder da mudança opera objetivamente tendo em mente o que é melhor para o cliente.

Depois de todo ceticismo saudável, objetividade e entusiasmo, quando se trata de acionar a mudança, o agente de mudança é "o dispositivo que cria força e movimento a partir de uma fonte de energia disponível". O que é essa fonte de energia? É aquela fonte de energia sorridente que olha para você no espelho. Desse modo, acima de tudo, a fim de impulsionar os outros, o líder da mudança precisa acreditar plenamente nas mudanças que está liderando. Pense em si mesmo como Tom Sawyer em *As Aventuras de Tom Sawyer* de Mark Twain. Quando pedem a Tom que pinte a longa cerca diante da casa, ele executa essa laboriosa tarefa com tanto entusiasmo que consegue até mesmo cobrar uma taxa dos amigos para que tenham o privilégio de pintar a cerca para ele.

O Que Eu Preciso Fazer

A venda centrada na mudança é muito diferente da venda tradicional na qual os profissionais de vendas podem ter propensão para "despejar e correr" — despejando a solução e correndo para a porta.

A venda centrada na mudança se concentra na mudança — o resultado — que o cliente está tentando alcançar. Por conseguinte, você não pode simplesmente vender para o cliente um monte de mercadorias e dizer: "Boa sorte para você". O seu trabalho não estará concluído enquanto o cliente não tiver efetuado com êxito a mudança.

Pense em si mesmo como tendo duas personalidades. Uma delas é a do cético que sabe que precisa cumprir os seus compromissos. A outra personalidade é a do acionador que incentiva o cliente e o estimula a entrar em ação.

O macete é equilibrar essas duas perspectivas e não adotar um padrão de comportamento no qual você enfatize uma delas em detrimento da outra.

Lembre-se: você precisa acreditar. E precisa entregar resultados.

Resumo das Atividades

→ Defina expectativas realistas e depois supere-as.
→ Identifique *stakeholders* motivados que irão acionar a mudança.
→ Parta do pressuposto de que você é a única fonte de energia com a qual poderá contar.

Segredo Nº 95
Determine a Consciência da Mudança

O primeiro passo em direção à mudança é a conscientização.
— Nathaniel Branden

O Que Eu Preciso Saber

O acionamento da mudança começa com a conscientização. Em *Forceful Selling*, descrevi cinco estágios da consciência da mudança:

1. **Não reconhecida.** A pessoa ou a organização não reconheceu a necessidade de uma mudança, ou está alheia à mudança proposta.
2. **Reconhecida, porém não priorizada.** Mesmo depois de a necessidade de uma mudança ter sido reconhecida e uma mudança específica ter sido proposta, ela ainda precisa competir com as outras necessidades e mudanças propostas que foram reconhecidas pela pessoa ou organização.
3. **Priorizadas.** Se a mudança proposta tem mais forças propulsoras e menos forças de resistência do que outras mudanças propostas, ela será priorizada. Neste caso, definimos "priorizada" como lhe tendo sido atribuída uma prioridade suficiente para que o plano da mudança seja autorizado e financiado.
4. **Em andamento.** O plano da mudança foi acionado, mas ainda não foi concluído.
5. **Satisfeita**. A mudança foi concluída e as forças que impulsionavam a mudança foram satisfeitas.

O Que Eu Preciso Fazer

Você provavelmente tem uma influência limitada na prioridade de uma mudança específica. Se a tomada de decisões na organização for "eficiente", mudanças de alta energia serão priorizadas em detrimento de mudanças de baixa energia.

Portanto, gaste a sua energia alinhando-se com mudanças de alta energia em vez de tentar convencer os *stakeholders* de que uma mudança de baixa energia é na realidade de alta energia. Faça isso realizando uma análise meticulosa e precisa do campo de força, e identificando as forças maiores. Em seguida, alinhe-se com as mudanças que essas forças estão promovendo.

Assim que você estiver alinhado com as forças e mudanças mais poderosas, ajude o cliente a impulsionar a conscientização delas formando uma equipe da mudança que inclua os principais *stakeholders*.

Depois que os principais *stakeholders* reconhecerem a necessidade da mudança, trabalhe com a sua equipe da mudança para desenvolver um plano de mudança que possa ser conduzido por intermédio do processo de priorização da organização. Para garantir uma priorização bem-sucedida, faça com que as pessoas fiquem "familiarizadas" com o plano de mudança executando uma ampla campanha de conscientização que inclua demonstrações e/ou visualizações do resultado final.

Resumo das Atividades

➥ Alinhe-se com as forças e mudanças de alta potência.
➥ Ajude o cliente a determinar uma conscientização inicial entre os principais *stakeholders*.
➥ Depois que o plano da mudança for elaborado, promova uma ampla conscientização do resultado final desejado.

SEGREDO Nº 96
RECONHEÇA O *STATUS QUO*

Escolha sempre o caminho que pareça melhor, por mais acidentado que possa ser; o hábito logo o tornará fácil e aprazível.
– Pitágoras

O Que Eu Preciso Saber

De acordo com o modelo Tannenbaum & Hanna, o processo da mudança começa com o estado atual – a maneira como as coisas estão agora – o *status quo*. Três passos ou categorias de ação mantêm a situação atual imobilizada.

A homeostase e a inércia

A homeostase é a capacidade e os processos que os organismos usam para manter uma condição estável. A inércia é a ideia de que as pessoas com o tempo se sentirão à vontade com uma situação, independentemente do seu desejo. Além de manter a estabilidade, os processos e a inércia homeostáticos também tendem a imobilizar o espaço vital da pessoa e inibir a mudança.

O apego

No estado imobilizado, as pessoas ainda estão apegadas à situação atual. Elas não desejam uma mudança; querem manter as coisas exatamente do jeito que estão. Este é um resultado natural da homeostase. Quando as pessoas mudam com excessiva frequência, nós as consideramos neuróticas.

Mecanismos de defesa

Neste estágio, as pessoas reforçam o seu "apego" construindo defesas ao redor do *status quo*. Elas delimitam o estado atual usando estratégias de enfrentamento como a negação, a desvalorização e a protelação. E podem expressar emoções destrutivas e perturbadoras de uma maneira exagerada.

O Que Eu Preciso Fazer

A sua principal tarefa neste estágio é identificar e caracterizar o *status quo*.

É importante observar que, em alguns casos, o processo da mudança irá parar por aqui. Em outras palavras, ele será interrompido antes mesmo de ter tido a chance de começar. Quantas pessoas você conhece que construíram ao redor de si mesmas muros de castelo tão inexpugnáveis quanto a Cidade de Troia? Essas são as Tartarugas que se recolhem na carapaça e se recusam até mesmo a falar a respeito de algum assunto relacionado com uma mudança proposta. Lewin observa que essas pessoas precisam vivenciar uma catarse para que possam desbloquear o seu espaço vital.

Em vez de exaurir os seus recursos tentando convencer uma Tartaruga a mudar, ou esperando por um evento catártico que poderá nunca acontecer, você será mais bem-sucedido se desqualificar as Tartarugas do seu *pipeline*. Se um dos *stakeholders* de uma organização for uma Tartaruga, você precisará rever a sua análise da energia e tomar uma decisão "por cima, através e ao redor" com relação à Tartaruga.

Resumo das Atividades

- Esforce-se para compreender plenamente o *status quo*.
- Identifique o que irá mudar.
- Procure entender os mecanismos e as forças por meio das quais as pessoas estão se agarrando ao *status quo* e defendendo-o.

SEGREDO Nº 97
DESBLOQUEIE O STATUS QUO

O momento é sempre certo para fazer o que é certo.
— Martin Luther King, Jr.

O Que Eu Preciso Saber

O segundo estágio do processo da mudança é desbloquear o estado atual.

Morrer

A pessoa precisa permitir que o seu sonho e desejo de manter para sempre o *status quo* morra. Elisabeth Kübler-Ross desenvolveu o modelo dos Cinco Famosos Estágios da Dor da Perda:

1. **Negação.** "Isso não pode estar acontecendo comigo."
2. **Raiva.** "Por que isto aconteceu comigo? Não é justo!"
3. **Negociação.** "Vamos fazer um acordo e dizer que isto nunca aconteceu."
4. **Depressão.** "Não tenho nada. Não sei o que fazer."
5. **Aceitação.** "Não gosto disso. Mas de fato aconteceu."

A desistência

Depois que aceitam o fim iminente do *status quo*, as pessoas precisam essencialmente desistir dele. A desistência é o último ato relacionado com o desbloqueio da situação atual. É o estágio no qual as correntes foram cortadas, os nós desfeitos e os elos derretidos. Neste ponto, os opositores abandonaram as tentativas de impedir que a proposta da mudança fosse aceita. Eles precisam agora sair do caminho ou ser esmagados. É claro que eles ainda podem jogar areia na engrenagem e tentar outras maneiras de sabotar a mudança, mas neste ponto, não podem impedir que ela tenha início.

O Que Eu Preciso Fazer

Na condição de líder da mudança, você deve ter consciência de que esses estágios representam processos importantes pelos quais, em muitos casos, o cliente precisa passar antes que o processo efetivo da mudança possa ter início.

Com frequência, as pessoas têm dificuldade em ir de um estágio para o seguinte sem ajuda externa. O seu papel será conduzir delicadamente o cliente ao longo de cada estágio, possibilitando que ele libere as emoções, mas ao mesmo tempo garantindo que ele não fique emperrado em um determinado estágio.

Todos esses estágios estão carregados de emoção, portanto prepare-se para acompanhar o cliente em um percurso potencialmente acidentado.

As pessoas que estão se recuperando de um vício ou da morte de um ente querido não são as únicas que passam por esses estágios; você não precisa ser um psicoterapeuta especializado no tratamento de viciados ou doentes terminais para se ver no meio de uma situação com uma intensa carga emocional. Muitas pessoas investem a maior parte da sua autoestima no trabalho e, por conseguinte, sentem que a sua própria subsistência está em jogo. Leve esses estágios tão a sério quanto o seu cliente o faz.

Mantenha a sua sanidade mental permanecendo emocionalmente neutro.

Resumo das Atividades

→ Monitore o cliente ao longo do processo de desbloqueio.
→ Esteja preparado para enfrentar emoções intensas.
→ Propicie apoio, como for conveniente, para conduzir o cliente de um estágio para o outro.

Segredo Nº 98
Efetue a Mudança

Muitos dos fracassos da vida são de pessoas que não se deram conta do quanto estavam perto do sucesso quando desistiram.
— Thomas Edison

O Que Eu Preciso Saber

O terceiro estágio do acionamento da mudança envolve verdadeiramente efetuar a mudança. Ele é acompanhado pelos seguintes processos.

Confusão

Assim que a ação tem início, as pessoas fazem todas as perguntas. Quem vem primeiro? Quem é o segundo? O que dissemos que íamos fazer a respeito disto? Como estamos fazendo aquilo?

Renascimento

Este é o passo em que o novo estado é criado. É preciso construir a nova casa antes que a família possa ser retirada da velha casa. À medida que a nova casa vai sendo construída, à medida que a mudança vai tomando forma, o novo estado adquire vida. O vazio associado ao final do *status quo* é substituído por uma nova situação que é na realidade revigorante.

Seguindo em frente

O jogo finalmente estava em andamento; agora, enfim, ele terminou. As pessoas se acomodaram na nova casa. Assim como houve a aceitação do final da situação vigente, agora existe a aceitação da nova situação.

O Que Eu Preciso Fazer

O líder da mudança precisa ser cauteloso com relação a um possível obstáculo no caminho capaz de levar o processo da mudança ao fracasso. Lewin cita pesquisas que mostram que as pessoas tendem a reduzir o ritmo quando atingem uma meta. Antes que o processo da mudança tenha início, a pessoa está estática. Em seguida, ela decide efetuar a mudança e pisa nos blocos de partida como um corredor de velocidade. Algo desencadeia o acionamento e a pessoa tem um bom começo. No entanto, à medida que a linha de chegada se aproxima, a pessoa reduz a velocidade. Aparentemente, quanto mais longe as pessoas estão de uma determinada meta, mais elas acham que precisam se esforçar. Quanto mais perto estão do objetivo, menos elas acham que têm que trabalhar.

Tanto Lewin quanto Maslow mencionam que uma vez que a pessoa atinge uma meta, ela não fica satisfeita. O objetivo que ela tanto almejara alcançar cria um sentimento vazio uma vez que é atingido. A pessoa se sente imediatamente insatisfeita e define outra meta.

Tome medidas para que o cliente atinja completamente a meta atual antes de seguir em frente!

Resumo das Atividades

- Seja extremamente bem-organizado e sistemático neste estágio.
- Peque pelo excesso ao comunicar o *status* e o progresso.
- Não reduza o seu esforço enquanto o último detalhe não tiver sido concluído.

SEGREDO Nº 99
DESPEJE O CONCRETO

Nada funcionará a não ser que você funcione.
— Maya Angelou

O Que Eu Preciso Saber

Depois que a mudança está concluída, a nova situação se torna o *status quo*. Raízes começam a brotar e as pessoas começam a se estabelecer, de novo.

No entanto, não raro existem forças que puxam a mudança de volta para o antigo *status quo*. Algumas mudanças requerem um constante reforço. Algumas dão a impressão de que você está eternamente empurrando o vagonete de mina, cheio de ouro, montanha acima. Assim que você acha que ele está estável, ele começa lentamente a andar para trás. Existem muitas razões pelas quais a mudança poderia tender a voltar ao estado original.

Mesmo que o cliente esteja muito feliz com a mudança, ele continua sujeito à tendência humana de sentir dúvida ou arrependimento. Essa tendência, chamada de "arrependimento do comprador", ocorre quando a pessoa chega em casa com o belo produto que há tanto tempo desejava e se arrepende de tê-lo comprado. Muitas marcas de consumo famosas gastam coletivamente bilhões de dólares em publicidade, não com o propósito expresso de convencer os consumidores a comprar o produto e sim de convencê-los de que, depois de tê-lo comprado, eles fizeram a coisa certa.

Existe um fenômeno semelhante chamado "maldição do vencedor". Este é o dilema de que o comprador deve ter pago um preço elevado demais, porque o vendedor o aceitou. Há também o dilema de que o vendedor deve ter aceito um preço excessivamente baixo porque o comprador estava disposto a pagar. A única maneira de garantir que o preço não está nem alto nem baixo demais é a outra parte se afastar da mesa de negociações. Desse modo, até mesmo o cliente mais satisfeito precisa de incentivo e confirmação.

O Que Eu Preciso Fazer

Outra causa do arrependimento do comprador e uma possível regressão ao *status quo* podem ser os opositores e os críticos. Nenhuma mudança acontece com perfeição, e você sempre pode ter certeza de que os críticos dirão: "Viu! Viu! Eu disse que não ia dar certo!" Este é o momento de lembrar a todos os benefícios da mudança e o grande progresso que teve lugar.

Em alguns casos, quando a mudança finalmente é concluída, tiveram lugar outras mudanças que reduziram a eficácia e os benefícios dela. Nestes casos, o cliente precisa aceitar a mudança como está ou modificá-la. As duas opções exigirão um esforço adicional — um reforço para impedir que a mudança retroceda.

Em algum momento, depois de a mudança ter sido aceita há muito tempo e os reforços terem sido assegurados, as pessoas se adaptam e ficam à vontade, construindo muros de castelo ao redor do novo *status quo*. O ciclo da mudança então recomeça. Como diz Maslow: "O homem é um animal eternamente insatisfeito". A satisfação com uma coisa gera insatisfação com outra. Prepare-se para satisfazer a próxima "necessidade".

Resumo das Atividades

➞ Reforce os benefícios e realizações.
➞ Adapte-se a condições que estão mudando efetuando modificações adicionais.
➞ Avance rapidamente para a próxima mudança, à medida que a pessoa se conscientiza da próxima necessidade.

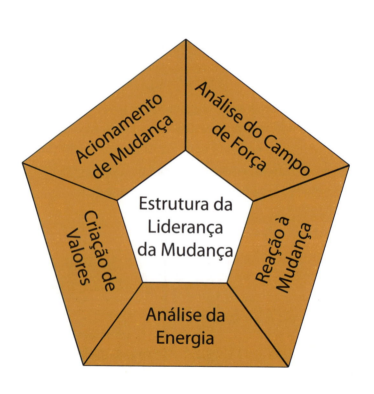

AGENTE DE MUDANÇA

COMO SER UM AGENTE DE MUDANÇA

INTRODUÇÃO

A

COMO SER UM
AGENTE DE MUDANÇA

Agora que abordamos as cinco disciplinas da Estrutura da Liderança da Mudança, esta seção examina algumas dicas, truques e armadilhas que se aplicam a todas as disciplinas da liderança da mudança.

➥ **O que é?**

O agente de mudança é uma pessoa que atua como orientador, consultor e líder para ajudar o cliente a atingir os seus objetivos.

A liderança da mudança é anti-intuitiva, já que o líder de mudança precisa liderar os seus seguidores na direção que eles querem ir. É por esse motivo que o conceito de "agente" de mudança é mais apropriado, ou seja, uma pessoa contratada pelo cliente para alcançar os resultados que ele deseja.

➥ **Por que é importante?**

Você só terá êxito se conduzir o cliente na direção que ele quer seguir.

As pessoas só farão uma coisa se se sentirem motivadas. Essa é a razão pela qual desenvolver um profundo entendimento das forças que motivam os seus clientes é fundamental para incentivá-los a agir.

➥ **De que maneira é novo ou diferente?**

Os profissionais de vendas competentes atuam como consultores, ajudando o cliente a encontrar a melhor solução para satisfazer a sua necessidade. Os grandes profissionais de vendas atuam como agentes que buscam proativamente oportunidades para ajudar o cliente a ter sucesso. Em um contexto jurídico, o agente é uma pessoa autorizada a agir em benefício de alguém. Se você vive de acordo com essa filosofia e sistematicamente proporciona um valor elevado, os seus clientes começarão a considerá-lo o consultor em quem confiam.

↪ **Quais são os conceitos errôneos mais comuns?**
Uma ideia usual é que o agente de mudança é alguém que sacode uma organização e conduz as pessoas, à força, para onde elas não querem ir. Se o seu desejo é levar as pessoas para lugares onde elas não querem ir, você deve estudar livros sobre hipnose, controle da mente e outras técnicas de coerção. Essas técnicas raramente resultam em uma elevada satisfação do cliente e em relacionamentos profundos e altamente lucrativos a longo prazo.

Você terá muito mais sucesso se atuar como um consultor que ajuda os clientes a identificar o que sentem, entender como estão reagindo e fazer as escolhas que criam mais benefícios para eles.

↪ **Quais são os principais *take-aways* e como colocá-los em ação?**
Pense em si mesmo não como um consultor que satisfaz necessidades, e sim como um agente contratado pelo cliente para conduzir a mudança e criar valor. Comece por entender o que o cliente valoriza e aonde ele deseja ir.

Ao se tornar um exímio agente de mudança, você proporcionará um valor irresistível para os seus clientes que os seus concorrentes nem mesmo conseguirão entender. Você se tornará então um recurso com o qual os clientes passarão a contar e ao qual atribuirão um valor elevado.

Segredo Nº 100

Criar Valor Leva Tempo

Aquele que é capaz de ser paciente poderá ter o que desejar.
— Benjamin Franklin

O Que Eu Preciso Saber

Você gostaria de que os clientes fossem em frente e fizessem o pedido hoje, em vez de na semana que vem, no próximo trimestre ou no próximo ano? Você desejaria ser um profissional de vendas do tipo buldogue, capaz de fazer o pedido passar através do processo de aprovação do cliente agora, em vez de ter que esperar pela lentidão aparentemente dolorosa dele?

Um dos maiores erros que os executivos cometem é tentar acelerar o ciclo de venda, tornando-o mais rápido do que o ritmo natural do cliente o permite. A situação é semelhante a nadar contra a correnteza onde, apesar de todo o seu esforço, você não consegue avançar muito. Por outro lado, se você nadar a favor da correnteza, no ritmo do cliente, conseguirá alcançar um resultado muito melhor com menos recursos.

No entanto, existe um dilema mais fundamental. Como sempre, tudo tem um custo. O custo de criar um valor elevado é que ele requer mais tempo. Em contrapartida, o custo de ir atrás de negócios mais imediatos é que as margens de lucro serão mais baixas e o número de concorrentes será maior. Você não achou que seria a única pessoa com vontade de ganhar um dinheiro rápido, não é mesmo?

Por conseguinte, você se vê diante do que poderia ser chamado de "Dilema do Vendedor": você deve aceitar um número maior de transações com uma margem de lucro mais baixa, mais competitivas e de conclusão mais rápida? Ou deve optar por um menor número de negócios com uma margem de lucro mais elevada, menos competitivos e de fechamento mais lento? Somente você pode responder a essas perguntas. No entanto, duas coisas estão certas: (1) criar mais valor leva mais tempo do que criar menos valor e (2) você está lendo o livro errado se o seu interesse é fechar rapidamente negócios com uma pequena margem de lucro; você deveria estar aprendendo a respeito do marketing na Internet em vez de se aprofundar nas vendas centradas na mudança.

O Que Eu Preciso Saber

Se você é um profissional de vendas que está se perguntando por que deveria se preocupar com margens de lucro elevadas *versus* margens de lucro mais baixas, a resposta é que, em última análise, as suas comissões dependem dessas margens. As empresas que não são lucrativas depois de pagar a sua equipe de vendas precisa encontrar um canal de vendas com um custo mais baixo, caso contrário irão à falência. De qualquer modo, você irá receber o salário-desemprego em vez de cheques referentes a comissões. Portanto, se você deseja comissões gordas, precisa gerar margens de lucro gordas.

O que é realmente incrível com relação a seguir o caminho de criar um valor elevado é que, com o tempo, você atinge um ponto crucial no qual (a) você desenvolveu um currículo que mostra que você entrega resultados com um valor elevado e (b) os seus recursos são plenamente utilizados em transações de alto valor. A partir desse ponto, você passa a ser limitado pelos recursos e não pelos pedidos. Você literalmente estará conseguindo negócios mais rápido do que é capaz de apresentar resultados, o que lhe permitirá escolher a dedo as oportunidades com maiores margens de lucro. Os seus lucros começarão a subir vertiginosamente!

É claro que tudo isso leva tempo. Mas vá caminhando, dando um passo de cada vez, e você chegará lá.

Resumo das Atividades

➥ Siga o ritmo natural do cliente para conseguir o maior pedido possível.
➥ Aumente com o tempo o seu valor de entrega de resultados.
➥ Tome cuidado para não empatar recursos com negócios com uma pequena margem de lucro.

Segredo Nº 101
Não Pule Etapas

É mais fácil fazer um trabalho corretamente do que explicar depois por que você não o fez.
— Martin Van Buren

O Que Eu Preciso Saber

Não seria interessante se você pudesse simplesmente dar um salto para o fim? Não seria ótimo, durante uma reunião de departamento maçante, se você pudesse apertar o botão de avanço rápido quando as pessoas falassem e o botão de *play* somente quando o chefe do departamento dissesse: "Ok, é só por hoje. Obrigado a todos".

Não seria maravilhoso se você pudesse simplesmente "passar por cima de todo mundo" e ir diretamente à pessoa que toma as decisões, pegar o pedido da compra e em seguida avançar para a venda seguinte?

Os vendedores do tipo buldogue talvez sejam capazes de pular etapas e ir logo para um fechamento rápido nas situações transacionais de vendas, mas se você estiver consolidando um valor elevado como profissional de vendas e um valor elevado para o seu produto, não será bem-sucedido se pular etapas.

A percepção do valor é como uma corrente na qual cada elo é o valor percebido por uma pessoa no comitê de compras. A sua capacidade para conseguir fazer o pedido passar pelo processo de aprovação do cliente depende da força da corrente. E a corrente é apenas tão forte quanto a pessoa que tem a pior opinião a respeito do seu valor. As pessoas que não enxergarem o valor, em última análise, desacelerarão o seu pedido. O pior cenário que pode acontecer é que elas, durante o processo de questionar o valor, se afastem para um canto no qual sintam que precisam se opor ativamente ao seu pedido apenas para preservar a credibilidade delas.

COMO SER UM AGENTE 253

O Que Eu Preciso Fazer

Você terá muito mais sucesso se cortar todos os "tês" e colocar o pingo em todos os "is" no processo de consolidar o valor. Movimentar-se rápido em um mundo competitivo é importante, mas já não é suficiente.

O que é mais importante para os compradores do mundo competitivo de hoje?

Resultados.

Atributos, benefícios, soluções e fixação de preços podem ser encontrados nos quatro cantos do mundo com o clique de um mouse. A mercadoria que não pode ser entregue por meio de um cabo de fibra óptica ou por um caminhão de entregas são os resultados efetivos que o cliente está tentando alcançar. Somente ele, com a sua ajuda na condição de agente de mudança, pode atingir o resultado.

Determine o resultado desejado pelo cliente e em seguida dê todos os passos necessários para alcançá-lo — nem um passo a mais, nem um passo a menos.

Resumo das Atividades

- Certifique-se de que cada elo na corrente de valor reforça a sua proposta.
- Concentre-se no resultado desejado pelo cliente.
- Determine os passos necessários e conclua-os sistematicamente.

Segredo Nº 102
As Pessoas Precisam Aprender Sozinhas

A verdadeira viagem de descoberta não consiste em buscar novas paisagens, e sim em ter novos olhos.
— Marcel Proust

O Que Eu Preciso Saber

Você gostaria que os seus filhos dessem ouvidos ao que você fala? Por que é que quando você diz: "Não ponha a mão no fogo porque você vai se queimar", eles marcham diretamente para o fogão? A frustração pode ser excruciante.

Seria ótimo se os seus filhos estivessem apenas em um estágio de desenvolvimento e, em algum momento, eles simplesmente "ficassem grandes demais para ele". Mas a realidade é que eles se tornam adultos — que continuam a não escutar. Você acha que você, pai ou mãe, é imune a essa característica? Pense no seguinte: os seus pais ouvem o que você diz? Eles são pais. No entanto, podem ser tão teimosos quanto adolescentes ou crianças de 2 anos de idade. Aparentemente, ter que aprender com os próprios erros e não com os erros dos outros é uma característica humana inelutável.

No seu papel de agente de mudança, você pode defender as suas ideias até ficar furioso, mas os *stakeholders* poderão não estar escutando. Eles acham que sabem das coisas, que você está exagerando ou que você não entende completamente o que está acontecendo. "O fogão não está quente. Como você sabe que ele está quente? O que *você* sabe? Os meus dedos estão ótimos. Não estou nem um pouco preocupado com o fogão... AI!!!! ISSO DOEU!" Somente depois de sentir a dor eles acreditarão em você.

A pergunta essencial para o agente de mudança passa a ser a seguinte: "Como e quando os *stakeholders* sentirão a dor?" Em outras palavras: "Qual será o catalisador da ação?"

COMO SER UM AGENTE 255

O Que Eu Preciso Fazer

Em primeiro lugar, determine se os *stakeholders* estão realmente prestando atenção. A mensagem está entrando por um ouvido e saindo pelo outro? Ou eles interiorizaram plenamente as forças que estão em ação?

Segundo, se você acredita que o cliente reconhece totalmente a necessidade da mudança, pergunte a ele que evento causou o momento de descoberta dele. Se ele não conseguir descrever uma experiência anterior que possibilite que ele reconheça completamente a necessidade, então a convicção dele estará limitada.

Se o cliente der a impressão de que não está ouvindo, pare imediatamente e desista de defender as suas ideias, passando para o modo investigativo. Você precisa investigar as opiniões do cliente e identificar um evento que vá ser um catalisador para o reconhecimento e a ação.

Não se iluda pensando que os seus poderes superiores de persuasão e incentivo convencerão o cliente; o CEO de um cliente certa vez disse o seguinte para o vice-presidente de vendas da minha empresa: "Você é apenas um cara da área de vendas. Você não sabe nada".

A única coisa que importa é a dor no dedo do cliente.

Resumo das Atividades

→ Concentre-se em fazer uma investigação em vez de defender as suas ideias.
→ Identifique o evento catalisador.
→ Preserve os seus recursos até que o evento ocorra.

Segredo Nº 103
Determine o Responsável

Liderança: a arte de conseguir que outra pessoa faça uma coisa que você quer que seja feita porque ela deseja fazê-la.
— Dwight D. Eisenhower

O Que Eu Preciso Saber

De quem é o problema? Quem tem a necessidade? Se você tem um filho, provavelmente já disse alguma vez: "Você precisa pegar as suas roupas e colocá-las no cesto antes de ir para a cama". Por acaso o seu filho respondeu dizendo: "Ummm... Na verdade, papai, não tenho realmente necessidade de fazer isso. No entanto, se você tem uma necessidade e ficará feliz se ela for satisfeita, claro que farei esse favor para você."?

Por acaso o seu filho já disse alguma vez de manhã: "Pai! Eu preciso da minha camisa favorita. Você a lavou?" E então você respondeu: "Ela provavelmente ainda está onde você a deixou, no chão, no canto do quarto. Não tive necessidade de procurá-la, de modo que não a lavei."?

Não raro é fácil esquecer de quem é o problema e quem tem a necessidade. No exemplo estereotípico de pedir às crianças que limpem a bagunça que fizeram, na maioria das vezes é o pai ou a mãe que tem a necessidade da limpeza. A criança não sente essa necessidade. Os pais, por outro lado, sentem com frequência necessidade de lavar a roupa, quando na realidade é a criança que sente a necessidade de ter roupas limpas. Essas necessidades deslocadas são clássicas nas organizações.

Inúmeras vezes por dia o membro de um grupo se dirige a outro grupo na organização e diz: "Eu preciso [de alguma coisa]". A cooperação das pessoas do outro grupo não é nada entusiástica porque elas não se sentem responsáveis pela coisa e nem acham que precisam dela. Isso acontece mesmo quando o propósito fundamental da organização é dividir o trabalho, combinar os esforços e atingir cooperativamente o que não pode ser atingido individualmente.

O Que Eu Preciso Fazer

Ao aplicar as disciplinas da Estrutura da Liderança da Mudança, identifique e associe os responsáveis a cada item. Por exemplo, ao analisar como as forças se espalham pela organização, associe um detentor a cada força em cada nodo. Então, faça a seguinte pergunta: "Por que essa pessoa acha que é responsável por isto?" Isso realmente lhe proporcionará um bom entendimento da dinâmica organizacional, que é o instrumental para que você planeje a sua estratégia de formação de uma coalizão.

Outro exemplo de determinar os detentores é avaliar a Fórmula da Mudança na disciplina da análise da energia: De quem é a insatisfação? De quem é a visão da nova situação? Quem assumirá a responsabilidade pelos primeiros passos?

Essas questões sobre a responsabilidade são fundamentais porque a ação não acontece por si só. Uma pessoa ou grupo específico precisa, em última análise, entrar em ação. Quem assumirá a responsabilidade e entrará em ação?

Todos os aspectos da Estrutura da Liderança da Mudança envolvem o aspecto da responsabilidade. Identifique os responsáveis por cada um deles, certificando-se de que definiu com precisão a verdadeira responsabilidade e evite deslocar as necessidades.

Resumo das Atividades

→ Conscientize-se das necessidades deslocadas.
→ Identifique os verdadeiros responsáveis por todos os aspectos da mudança.
→ Lembre-se de que "Quem assume que é o responsável entra em ação".

Segredo Nº 104
Concentre-se no Método, Não no Esforço

Nunca confunda movimento com ação.
— Ernest Hemingway

O Que Eu Preciso Saber

Todos nós sofremos pressões que fazem com que desejemos desesperadamente expandir o nosso negócio. Quando procuramos maneiras de aumentar a nossa receita, é tentador avaliar as atividades dos profissionais de venda. No entanto, é bem mais importante avaliar as estratégias deles.

Certa vez, por exemplo, fui chamado para dirigir uma organização de vendas em uma empresa que vendia supercomputadores de muitos milhões de dólares para os quais havia um mercado de cerca de dez companhias enormes, entre elas a Intel. Uma das primeiras coisas que fiz foi pedir aos membros da minha equipe de vendas que me mostrassem os seus planos de contas. Eles responderam que não tinham nenhum plano de contas. O vice-presidente de vendas anterior havia dito a eles o seguinte: "É uma loteria. Quero que cada um de vocês faça cinco visitas ou telefonemas de surpresa por dia". Além dessas dez grandes empresas, quem mais ele achava que iria comprar um supercomputador? Ele realmente acreditava que os profissionais de venda poderiam escolher aleatoriamente alguns números nas listas telefônicas e encontrar alguém que atendesse o telefone e dissesse: "Claro, um supercomputador é exatamente o que eu preciso agora para a minha empresa. Isso seria o máximo, cara! Vou pagar com o meu cartão de crédito". Era bem mais fácil para aquele executivo de vendas avaliar a atividade de vendas em vez da qualidade e a eficiência da estratégia de vendas.

A realidade é que é sempre mais fácil avaliar a atividade do que a estratégia. Desenvolver e praticar métodos e estratégias de vendas não são desafios fáceis, mas eles exercem uma influência bem maior no sucesso do que o simples esforço.

COMO SER UM AGENTE 259

O esforço é realmente importante — *se* você tiver uma estratégia vitoriosa e um plano de ação vitorioso.

O Que Eu Preciso Fazer

Em vez de se concentrar em avaliar o esforço, utilize as seguintes táticas para aumentar as suas vendas:

- Contrate pessoas motivadas e mantenha-as motivadas por meio de incentivos apropriados.
- Avalie a eficácia das estratégias e a eficiência das táticas.
- Desenvolva um sólido conjunto de critérios de qualificação e fatores de sucesso decisivos para determinar a propensão e disposição dos clientes de comprar e utilizar a sua oferta.
- Reserve os seus recursos para os clientes que tiverem uma pontuação mais elevada nos critérios de qualificação e nos fatores de sucesso decisivos.
- Crie uma organização destinada a apresentar um valor elevado e avaliar a atividade da apresentação do valor, em vez de explorar a atividade.
- Empenhe-se junto com a sua organização em estudar e aprimorar continuamente essas táticas.

Resumo das Atividades

➜ O esforço sem uma estratégia é como o vento sem um veleiro.
➜ O esforço é fácil. A estratégia é difícil. Concentre-me primeiro na estratégia e depois na execução.
➜ Concentre-se em entregar valor, em vez de procurá-lo. Mas mesmo assim concentre-se no método, não no esforço.

SEGREDO Nº 105
DEIXE AS VENDAS TRANSACIONAIS PARA OS WEBSITES

Hoje em dia, o homem sabe o preço de tudo, mas não conhece o valor de nada.
— Oscar Wilde

O Que Eu Preciso Saber

No início deste livro, discuti como as forças da globalização e do comércio na Internet estão reduzindo o valor percebido do papel tradicional do profissional de vendas, a saber, fornecer informações ao consumidor e conduzir a compra. O que acontece quando o valor percebido de um profissional de vendas diminui; em outras palavras, quando o valor dele se torna comoditizado?

Os profissionais de vendas são como os canários em uma mina de carvão. São o sistema de alarme inicial para a saúde da sua empresa e a competitividade dela no mercado. Quando o valor do profissional de vendas para o consumidor diminui, o mesmo acontece com o valor do seu produto e de toda a sua empresa. Quando o valor percebido da sua empresa cai, em geral as suas receitas, margens de lucro e lucros propriamente ditos o acompanham na queda.

Anteriormente, apresentei a questão do Dilema do Vendedor: se ele deve procurar negócios mais fáceis com uma margem de lucro mais baixa ou buscar negócios mais difíceis com uma margem de lucro mais elevada. No nível mais alto da empresa, a questão não deve ser uma proposição do tipo e/ou. Se a sua estratégia exigir que você faça as duas coisas, você precisa apenas tomar duas medidas para ser competitivo:

1. Desloque as vendas transacionais e os negócios com uma baixa margem de lucro para o seu site.
2. Aprimore as habilidades da sua equipe de vendas de maneira a adotar uma abordagem centrada na mudança.

COMO SER UM AGENTE

O Que Eu Preciso Fazer

Se a sua estratégia for deslocar as suas vendas para o seu site, você precisará se tornar um especialista no marketing *on-line*.

Se a sua estratégia for preservar o valor da sua equipe de vendas e você desejar aprimorar a capacidade dos membros da equipe para que apresentem um valor elevado, siga os seguintes passos:

- Faça um levantamento no mercado para tentar encontrar metodologias de vendas projetadas especificamente para vender um valor elevado.
- Procure uma estrutura convincente que tenha uma forte base teórica, em vez de frases feitas ou clichês superficiais.
- Tome medidas para que a metodologia inclua um conjunto sólido de ferramentas, técnicas e instrumentos de trabalho para implementar a estrutura nas práticas do dia a dia em toda a organização.
- Desenvolva um "caminho de aprendizado" que defina um currículo de vários anos para os profissionais de vendas para que possam desenvolver habilidades com o tempo.
- Implemente a estratégia em fases, monitorando e fazendo aperfeiçoamentos depois de cada etapa.

Resumo das Atividades

➥ Desloque as vendas transacionais com uma pequena margem de lucro para o seu site.
➥ Desenvolva um caminho de aprendizado e adquira as habilidades necessárias.
➥ Dê o primeiro passo hoje — a Internet não dorme.

Segredo Nº 106
Siga o Código de Conduta do Líder da Mudança

O preceito ético mais simples é ser servido pelos outros o mínimo possível, e servir aos outros o máximo possível.
— Leon Tolstói

O Que Eu Preciso Saber

O líder da mudança zelosamente:

1. Trabalhará como um agente autorizado pelo cliente tendo em vista utilizar as forças da mudança em seu benefício para alcançar o resultado desejado pelo cliente.
2. Não causará nenhum dano.
3. Minimizará a tensão e o custo da mudança.
4. Dará assessoria ao cliente por meio de informações objetivas e imparciais, apresentando uma visão equilibrada das oportunidades e dos riscos.
5. Permanecerá emocionalmente desligado.
6. Evitará se tornar um *stakeholder* na mudança.
7. Manterá credibilidade de liderança.
    - Oferecendo uma visão além dos limites da concepção do cliente.
    - Sendo confiável, atuando tendo sempre em vista o que é melhor para o cliente e efetuando apenas mudanças positivas.
    - Atuando de uma maneira competente, garantindo que a habilidade competente seja absorvida como apropriada.
8. Conduzir-se-á de acordo com o perfil do comportamento do líder da mudança (consulte a página ao lado).

COMO SER UM AGENTE 263

O Que Eu Preciso Fazer

Perfil do Líder da Mudança

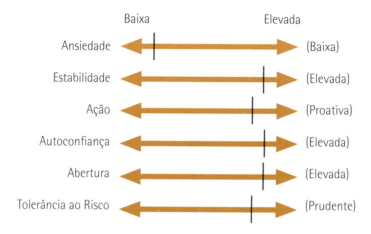

	Baixa	Elevada	
Ansiedade	←——————→		(Baixa)
Estabilidade		←——————→	(Elevada)
Ação		←——————→	(Proativa)
Autoconfiança		←——————→	(Elevada)
Abertura		←——————→	(Elevada)
Tolerância ao Risco		←——————→	(Prudente)

Resumo das Atividades

↪ Trabalhe tendo em vista o que é melhor para o cliente.
↪ Seja um líder confiável.
↪ Comporte-se como um líder da mudança ideal.

CONCLUSÃO

ENTRANDO EM AÇÃO

SEGREDO Nº 107
AGORA É COM VOCÊ

A pessoa que não procura atingir o máximo da sua potencialidade é incapaz de contribuir para o bem maior da humanidade.
— Johan Gottfried Herder

O Que Eu Preciso Saber

Agora que você aprendeu todas as disciplinas requeridas para ser um destacado líder da mudança, você precisa entrar em ação.

Eu lhe ofereci um sólido conjunto de conceitos e ferramentas que considero extremamente valiosos baseando-me na minha experiência e nas pesquisas que realizei. Reunidos, eles formam a mais eficiente metodologia de vendas disponível hoje no mercado. Agora está na hora de você implementá-la na sua vida. E quando o fizer, você ascenderá ao topo, ganhará prêmios, maximizará a sua renda pessoal e será aquele que ganha mais; no entanto, essas coisas só acontecerão se você agir em função das informações que recebeu e aplicá-las às suas contas e clientes em perspectiva.

Você pode ler os melhores livros de dieta e de alimentação saudável do mundo, mas não conseguirá perder peso apenas lendo os livros. Você precisa agir e aplicar os princípios. Somente aplicando e vivendo os princípios na sua empresa, na sua organização de vendas, na sua vida pessoal e com os seus clientes, você será capaz de assumir o controle e utilizar as forças da mudança.

Quanto mais você praticar os princípios deste livro, mais sólidas se tornarão as suas habilidades de liderança.

CONCLUSÃO 267

O Que Eu Preciso Fazer

Conserve este livro permanentemente com você, na sua pasta, no avião e na mesinha de cabeceira, e leia um segredo por dia. Em seguida, coloque esse segredo em prática pelo menos uma vez durante o dia.

Dobre as páginas, use um marcador de texto amarelo fluorescente. Marque os conceitos que lhe parecerem relevantes. Assinale as coisas que você deveria estar fazendo mas não está. Priorize os conceitos e enumere aqueles que você irá implementar primeiro. O momento de agir é agora.

Você está com a faca e o queijo nas mãos. Eu o desafio a começar hoje; não deixe para depois!

Seja o Agente de Mudança!

Resumo das Atividades

➡ Torne a mudança parte de tudo o que fizer.
➡ Torne-se um aluno da mudança.
➡ Pratique, pratique, pratique e torne-se o melhor líder da mudança que você puder.

PRÓXIMOS PASSOS

PARA LIDERAR A MUDANÇA
E
AUMENTAR AS VENDAS

O CHANGE LEADERSHIP GROUP®

Brett Clay é CEO do Change Leadership Group® [Grupo de Liderança da Mudança], LLC, uma empresa de consultoria e treinamento de gestão voltada para o aprimoramento da produtividade dos negócios das organizações de vendas e dos seus clientes.

DESENVOLVIMENTO DA ORGANIZAÇÃO DE VENDAS

O Change Leadership Group oferece uma série de serviços para ajudar os clientes a desenvolver a capacidade de liderança das suas organizações de vendas.

Cursos de treinamento

Com a finalidade de institucionalizar a metodologia ChangeCentric Selling® [Vendas Centradas na Mudança], o CLG oferece um campo de treinamento de três dias seguido por um ano de Follow-Thru Consulting™ [Consultoria de acompanhamento]. O primeiro dia aborda a psicologia da mudança nas pessoas e organizações. O segundo dia trata da criação e negociação do valor. Ao longo do terceiro dia, cada aluno aprende a usar as ferramentas de planejamento de contas e desenvolver um plano de contas autêntico para a sua conta mais importante. O CLG também oferece um curso condensado de dois dias e um curso de introdução que pode ser acoplado a uma palestra.

Follow-Thru Consulting™

Para que um método de vendas se incorpore ao comportamento do dia a dia de uma organização, três coisas são necessárias. Em primeiro lugar, a direção executiva precisa estar empenhada em implementar a metodologia. Segundo, a organização precisa usar as ferramentas e instrumentos como o principal meio de colaboração e comunicação entre os membros da equipe de vendas. Terceiro, a metodologia deve ser revista e reforçada periodicamente pela organização, sendo que uma atenção especial deve ser concedida ao compartilhamento da melhor prática. Por conseguinte, a fim de garantir o sucesso dos clientes do CLG, cada aula de treinamento inclui visitas de acompanhamento e consultoria durante um ano.

Palestras e seminários

Os instrutores do CLG também estão disponíveis para ser contratados para palestras breves, de uma hora de duração, bem como para seminários de três horas de duração. Brett Clay, por exemplo, fala com frequência em conferências do setor a respeito de como oferecer um valor adicional por intermédio da liderança da mudança.

CONSULTORIA DE GESTÃO

A aplicação da Estrutura da Change Leadership Framework® [Estrutura da Liderança da Mudança] para o planejamento estratégico e a otimização da *performance* empresarial.

O Change Leadership Group oferece três diferentes serviços para ajudar os clientes com o planejamento estratégico e a otimização da *performance* empresarial.

Planejamento estratégico

O CLG oferece serviços de consultoria que utilizam a Change Leadership Framework® para avaliar a situação da empresa, determinar a estratégia ideal e desenvolver um plano de mudança. Como a estrutura avalia tanto as forças que impulsionam a organização quanto os processos destinados a implementar a mudança, ela é uma ferramenta valiosa para o aprimoramento da performance empresarial.

Serviços de facilitação

Os clientes solicitam frequentemente que o CLG promova reuniões de planejamento estratégico utilizando a Change Leadership Framework®. A estrutura possibilita que as equipes de gestão deem uma olhada objetiva e revigorante no seu negócio, e saiam da reunião com novas ideias e sólidos planos de ação.

Coaching executivo

Os planos estratégicos precisam ser associados a planos de ação específicos e a um intenso acompanhamento para que se tornem realidade. Ao utilizar a Change Leadership Framework® do CLG para implementar a mudança, o CLG proporciona um contínuo *coaching* em liderança da mudança e coordenação dos planos de mudança dos clientes.

www.ChangeLeadershipGroup.com